수학에서 발견한 창조주

수학에서 발견한 창조주

지은이 | 박환석
펴낸이 | 원성삼
펴낸곳 | 예영커뮤니케이션
초판 1쇄 발행 | 2013년 7월 18일
초판 3쇄 발행 | 2023년 6월 9일
등록일 | 1992년 3월 1일 제2-1349호
주소 | 03128 서울시 종로구 대학로3길 29, 313호(연지동, 한국교회100주년기념관)
전화 | (02) 766-8931
팩스 | (02) 766-8934
이메일 | jeyoung@chol.com
ISBN 978-89-8350-851-5 (93230)

본 저작물은 저작권법에 의하여 한국 내에서 보호를 받는 저작물이므로
무단 전재와 무단 복제를 금합니다.

값 15,000원

이 도서의 국립중앙도서관 출판예정도서목록(CIP)은 서지정보유통지원시스템 홈페이지
(http://seoji.nl.go.kr)와 국가자료공동목록시스템(http://www.nl.go.kr/kolisnet)
에서 이용하실 수 있습니다.(CIP제어번호: CIP2013011402)

모든 인간은 하나님의 형상을 닮은 존귀한 존재입니다. 사람은 인종, 민족, 피부색, 문화, 언어에 관계없이 모두 다 존귀합니다. 예영커뮤니케이션은 이러한 정신에 근거해 모든 인간이 존귀한 삶을 사는 데 필요한 지식과 문화를 예수 그리스도의 사랑으로 보급함으로써 우리가 속한 사회에 기여하고자 합니다.

지적설계의 창조주

수학에서 발견한 창조주

박환석 지음

예영

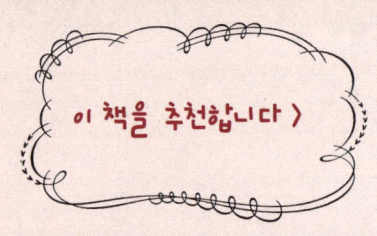

어느 분야든 주류 이론에 대해서 비판적인 관점을 갖고 새로운 관점을 제시하는 것은 쉽지 않은 길입니다. 저자는 기독인 교사로서 평소 무신론 기반의 진화론에 대한 문제의식을 갖고 고민하던 중 생명 정보에 나타난 지적 설계의 증거에 관심을 갖게 되었습니다. 저자는 물리학 전공자임에도 불구하고 생명 정보와 관련 있는 수학에 관한 수많은 자료를 분석하고 정리하여 수학에 나타난 지적 설계자, 즉 창조주에 대한 증거들을 누구나 쉽게 이해할 수 있도록 제시하였습니다. 국내에서 지적설계연구회 모임을 이끌고 있는 제가 이 책의 원고를 받아서 읽게 되면서 저자의 그 열정과 노고에 감동하게 되었습니다.

이 책은 수많은 학생들과 과학 분야 교사들을 비롯하여 일반 독자들에게 수학에 대한 관심을 일으킬 뿐 아니라 수학 속에 나타난 지적 설계자에 대한 강력한 증거들을 소개해 줄 것입니다. 한 분의 귀한 열정을 통해서 이 책이 국내에 출판되게 됨을 매우 기쁘게 생각하며 모든 분들에게 이 책을 적극 추천합니다.

이승엽 교수(서강대학교 기계공학과, 지적설계연구회 회장)

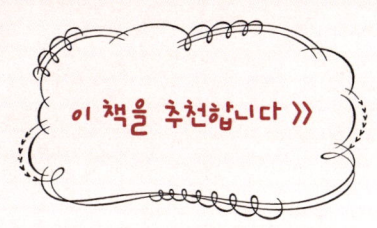

　사람들이 수학을 싫어하는 이유 중에 하나는 답이 정확하게 하나이기 때문인 것 같습니다. 하나의 정답을 찾기 위해서는 치열한 논리의 전개가 필요하기 때문에 어렵다고 느낍니다. 대충 이럴 수도 있고, 저럴 수도 있으면 마음이 편할 것 같은데 수학은 그렇지 않은 것입니다. 세상은 모두 수학과 같지 않지만 세상을 유지하는 질서는 엄격한 수학으로 되어 있음을 아는 것은 정말 중요합니다. 모두가 수학자가 될 필요는 전혀 없지만 내가 살고 있는 세상이 엄청난 다양성이 있음과 동시에 엄격한 수학적 질서가 있다는 것을 아는 것은 매우 중요합니다. 왜냐하면 진리는 다양성에서 나오는 것이 아니라 오직 하나의 정답에서 나오기 때문입니다. 많은 사람들이 왜 예수님만이 구원의 길이냐, 다른 여러 가지 구원의 길이 있는 것이 아니냐고 주장합니다. 그러나 수학의 정답이 하나밖에 없듯이 구원에 이르는 정답도 하나밖에 없습니다.

　창조과학의 귀한 동역자이신 박환석 선생님께서 '수학에서 발견한 창조주'라는 귀한 책을 통해 이런 진리를 밝히 보여 주어 너무나 감동적입니다. 숫자 하나하나를 그림으로 인식하는 사람이 있음을 보면서 존재하는 모든 것이 저절로 된 것이 하나도 없다는 것을 더욱 깊이 느꼈습니다. 수학을 사랑하는 사람들에게는 수학을 더 사랑하게 만들고, 수학을 싫어하는 사람들에게는 수학의 아름다움을 느낄 수 있게 하는 귀한 책입니다. 모든 그리스도인들 뿐 아니라 예수님을 믿지 못하는 사람들까지도 이 책을 통해 수학의 세계에서 세상의 기본 질서를 만나고, 창조주 하나님을 만나는 귀한 역사가 일어나길 기도합니다.

이은일 교수(고려대학교 의과대학, 前 한국창조과학회 회장)

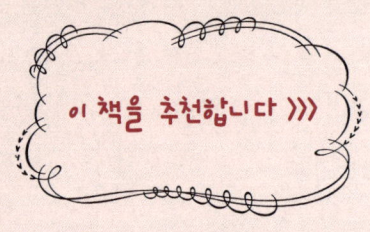

우선 이 책은 수학과 과학의 문외한인 내가 읽어도 재미있고 흥미진진합니다. 책을 읽으며 일상과 자연의 이야기에 녹아든 수학공식과 과학이야기에 나도 모르게 빠져들어 수학을 다시 공부하고 싶다는 생각마저 들었습니다.

과학교사로서 기독 과학교사 모임을 헌신적으로 이끌어오며 학문 간의 대화와 융합, 신앙과 학문의 조화를 꾸준히 탐색해 온 노력의 결실인 이 책은 기독교적 수업을 고민하는 교사뿐 아니라 우리 자녀들에게 신앙에 기반한 학문적 호기심과 욕구를 불러일으킬 책입니다.

임종화(중앙기독중학교, 前 (사)좋은교사 대표)

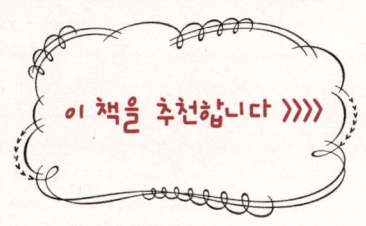

　수학은 발명이 아니고 발견이라고 합니다. 하나님의 창조세계를 살펴보면 수학적 대상들로 충만합니다. 인간의 머릿속에 있는 수학적 논리가 우주와 자연 속에 꼭 들어맞는 이유가 무엇일까요? 제임스 니켈(James Nickle)은 『Mathematics : Is God Silent?』에서 두 대상은 동일한 창조주를 가지고 있기 때문이라고 대답합니다. 굳이 번역서를 읽지 않아도 이런 꼭 필요한 고민에 참여할 수 있도록 현장에서 학생들을 가르치면서 고민했던 과정들을 정리하여 책으로 엮어 주신 선생님께 감사드립니다.

　수학이 자신의 위치를 도도하게 지키기만 하면 그것은 수학의 우상화가 될 수 있습니다. 그러나 수학이 하나님이 창조하신 자연과 우주와 인간의 삶에 적용해야 그 의미를 온전히 갖는다고 할 때, 이 책의 탄생을 계기로 수학과 과학이 친한 이웃으로 아이들과 가르치는 교사분들께 다가가기를 소망합니다.

　청소년들, 교육현장의 수학, 과학 교사들, 가르침을 통합적으로 바라보고자 하시는 모든 교과 교사들 그리고 홈스쿨링 부모님들께 적극 추천드립니다.

강영희(前 수학교사 및 기독수학교사 모임 섬김이, 현재 홈스쿨링 엄마)

이 책을 추천합니다 _ 004
책을 내며 : '수학에서 발견한 창조주'를 준비하면서… _ 013

프롤로그 : 우주에 존재하는 질서와 규칙의 근원 _ 017

1장 아인슈타인의 고민
1. 아인슈타인의 고민 _ 025
2. 수학의 비합리적 효용성
   1) 뉴턴의 만유인력 방정식 발견 _ 028
   2) 맥스웰의 전자기파 예측 _ 029
   3) 디랙의 양전자 예측 _ 031
3. 수학의 신비 : 순수수학과 자연 속 수학의 일치 _ 032

2장 왜 순수수학과 자연 속 수학의 일치가 일어나는 것일까?
1. 피보나치 수열과 자연 속 피보나치 수열의 일치
   1) 피보나치 수열이라는 순수이론수학 _ 039
   2) 자연 속 피보나치 수열의 예 _ 041
2. 황금비와 자연 속 황금비의 일치
   1) 황금비라는 순수이론수학 _ 048
   2) 자연 속 황금비의 예 _ 051
3. 황금나선과 자연 속 황금나선의 일치
   1) 황금나선이라는 순수이론수학 _ 055
   2) 자연 속 황금나선의 예 _ 057

4. 프랙탈과 자연 속 프랙탈의 일치
    1) 프랙탈이라는 순수이론수학 _ 059
    2) 자연 속 프랙탈의 예 _ 061

5. 로그와 인간의 감각 시스템과의 일치
    1) 로그라는 순수이론수학 _ 063
    2) 자연 속 로그(log)의 예 _ 065
    3) 실생활 속 로그의 구분 _ 072

6. 허수와 양자역학적 물리세계와의 일치
    1) 허수라는 순수이론수학 _ 074
    2) 자연 속 허수, 양자역학의 물리세계 _ 076

7. 리만 기하학과 실제로 휘어진 우주 공간과의 일치
    1) 리만의 구면 기하학이라는 순수이론수학 _ 078
    2) 자연 속 리만의 구면 기하학 _ 078

8. 매듭이론과 DNA 매듭 풀기와의 일치
    1) 매듭이론이라는 순수이론수학 _ 081
    2) DNA 속 매듭이론 _ 082

9. 2차 곡선과 물체의 운동과의 일치
    1) 2차곡선이라는 순수이론수학 _ 084
    2) 자연 속 2차곡선 _ 085

10. 미분과 운동의 변화율과의 일치
    1) 미분이라는 순수이론수학 _ 087
    2) 자연 속 미분 _ 088

11. 순수수학이란 없다 _ 089

3장 수학의 신비에 대한 창조론적 이해

1. 수학의 신비와 천지창조와의 관계
   1) 인간의 수학과 우주 만물 속 수학이 일치하는 이유 _ 095
   2) 아인슈타인의 고민 해결 _ 100
   3) 수학자가 상상하면 현실이 되는 이유 _ 104
   4) 자연수(1, 2, 3, 4…)의 유래 _ 105
2. 수학은 발견이다
   1) 수학은 발견인가? 발명인가? _ 109
   2) 모든 수학은 발견이다 _ 110
   3) 수학적 실재론 _ 112
   4) 수학은 발명이라고 주장하는 수학자들과 진화론 _ 114

4장 수학을 통해 바라본 우주 만물의 기원

1. 수학의 기원은 수학적 지성을 가진 존재
   1) 수학의 두 가지 분류, 자연 속 수학과 인공수학 _ 120
   2) 수학과 지성을 가진 존재와의 연관성 _ 121
   3) 우주 만물을 수학적으로 설계하신 창조주의 의도 _ 123
   4) 수학과 정보의 공통점 _ 125
2. 수학의 속성을 통한 무신론적 우주 기원론 비판
   1) 수학을 통한 무신론적 우주 기원론 비판 _ 127
   2) 맥그래스 교수의 『위대한 설계』 비판과 수학 _ 130
3. 생명체 속 수학과 창조주 _ 132

5장 창조주의 지성(언어성, 음악성, 예술성)을 공유받은 인간

  1. 창조주의 미적 지성을 공유받은 인간 _ 139

  2. 창조주의 음악성을 공유받은 인간 _ 142

  3. 창조주의 언어성을 공유받은 인간 _ 145

  4. 창조주의 생명을 공유받은 인간 _ 146

6장 맺으며

  1. 수학과 창조신앙

    1) 수학, 창조주에게서 유래한 것 _ 157

    2) 수학, 창조주의 우주 만물 설계 언어 _ 158

    3) 수학, 창조주의 영원하신 능력과 신성의 발현 _ 158

    4) 수학, 인간이 창조주의 특별한 피조물임을 증거 _ 159

  2. 수학 공부에 대한 창조론적 동기 부여

    1) 수학 공부의 목적에 대한 일반적인 견해 _ 160

    2) 수학 공부와 창조 신앙의 통합적 사고 _ 162

  3. 뛰어난 수학자·물리학자가 되는 비결은? _ 166

  4. 인간 지성의 모든 영역에서 드러나야 할 창조주

    1) 수학적 지성의 영역 _ 170

    2) 언어적 지성의 영역 _ 171

    3) 음악적 지성의 영역 _ 181

    4) 예술적 지성의 영역 _ 172

부록 1 수학의 비합리적 효용성

   1. 수학방정식에서 예측된 물리적 실제

       1) 맥스웰 방정식의 전자기파 예측 _ 176

       2) 디랙 방정식의 양전자 예측 _ 180

       3) 전자기 약력 방정식의 소립자 예측 _ 182

       4) 일반상대성이론 방정식의 팽창하는 우주 예측 _ 182

   2. 물리법칙들의 극도의 정확성

       1) 만유인력 방정식의 극도의 정확성 _ 184

       2) 양자 전기역학(QED) 방정식의 극도의 정확성 _ 184

       3) 일반상대성이론 방정식의 극도의 정확성 _ 185

부록 2 인간 감각과 로그 그리고 베버-페흐너의 법칙

   1. 베버의 법칙과 인간 감각의 로그 체계 _ 188

   2. 베버-페흐너의 법칙 _ 191

   3. 지진(M), pH 농도, 엔트로피에 등장하는 로그는 베버의 법칙과 무관하다

       1) 지진의 규모(M) _ 194

       2) pH 농도 _ 196

       3) 엔트로피 _ 196

부록 3 정보의 속성을 통한 무신론적 생명 기원론 비판

   1. 태초에 정보가 있었다 _ 200

   2. 정보의 속성을 통한 무신론적 생명 기원론 비판

       1) 정보의 속성 _ 202

       2) 유전정보의 기원 _ 203

       3) 그림을 통한 정보의 속성 이해 _ 204

       4) 정보의 속성을 통한 생명의 자연 발생설 비판 _ 207

       5) 정보의 속성을 통한 RNA 기원설 비판 _ 209

       6) 슈퍼 박테리아가 정보의 자연 발생의 증거라고(?) _ 210

책을 내며 〉〉〉

'수학에서 발견한 창조주'를 준비하면서

우주 만물의 창조주를 찾는 모든 이들, 수학 공부에 대한 강렬한 열망과 확실한 동기부여를 찾는 학생들, 기독교적 수학 수업을 고민하는 교사들, 수학과 과학, 예술이 융합된 수업(STEAM)을 고민하는 교사들에게 이 책을 권합니다.

십여 년 전 생명의 유전정보에서 초월적 지성을 가진 지적 설계의 창조주를 알게 되었습니다.

어떤 '의미'나 '의도'가 포함되어 있는 정보라는 것은 저절로 만들어지는 성질의 것이 아니라 지성을 가진 존재만이 만들 수 있습니다. '의미'나 '의도'라는 것은 반드시 지성을 가진 존재와 연관을 갖고 있는 속성이기 때문입니다. 그러므로 생명체의 유전 정보도 지성을 가진 존재가 만들었습니다. 생명체의 유전 정보를 생명체 속에 넣은 초월적 지성을 가진 존재를 우리는 신 또는 창조주라고 부릅니다.

정보의 속성을 통해, 생명체 속의 유전 정보는 모든 생명체가 '초월적 지성을 가진 창조주'에 의해 유래했음을 알리는 결정적 증거였습니다. 이러한 정보의 속성은 생명의 진화가 더 이상 설 자리가 없도록 만들었던 무기이기도 했습니다.

나는 우주 만물에서도 초월적 지성의 개입이 확실한 그 무엇인가를 찾고 싶었습니다. 그 계기가 된 것은 2009년에 무신론적 (빅뱅)우주 기원론을 주장한 스티븐 호킹(Stephen William Hawking)의 『위대한 설계』라는 책이 출간되었을 즈음입니다.

'생명체 속의 유전 정보처럼 우주 만물을 창조한 창조주가 있음에 대한 확실한 증거가 없을까?'

우주 만물 속에서 나타나는 고도의 질서와 규칙에 대해 이리저리 궁리하다가 수학이 정보의 속성과 가장 가깝다고 생각하고 수학에 대한 자료를 찾다가 '수학에서 나타나는 신비한 현상'에까지 이르게 되었습니다. 그리고 현대의 많은 수학자들과 물리학자들도 수학 그 자체에 대해서 매우 신비스럽게 바라보고 있다는 것을 알게 되었습니다. 특히 수학자 그룹에서는 이미 오래전부터 '수학은 발견인가? 발명인가?'라는 논쟁이 있어왔다는 것도 알게 되었습니다. 당연히 수학이 발견이라는 것을 알 수 있었고 아울러 수학을 발명이라고 주장하는 측은 진화론적(무신론적) 세계관에 갇혀 있다는 것도 알 수 있었습니다. 그리고 수학은 발견이라는 주제를 조금 더 발전시켜 수학의 속성이 정보의 속성과 마찬가지로 저절로 생성되는 성질의 것이 아니라 지성을 가진 존재에 의해서만이 존재하는 속성을 가진다는 것을 밝혀낼 수 있었습니다.

사물 속에 존재하는 수학이란 저절로 형성되는 성질의 것이 아니라 지성을 가진 존재가 넣은 것입니다. 마찬가지로 우주 만물 속에서 드러나는 수학은 초월적 지성을 가진 창조주가 넣은 것입니다.

이 책에서 나는 물리학자들과 수학자들을 고민에 빠트렸던 우주 만물 속 수학과 인간의 수학의 일치가 일어나는 신비가 특별히 성경의 창세기의 기록을 통해서 우주 만물의 창조주와 연관 있음을 밝히고자 합니다.

이 책을 통해서 모든 이들이 수학의 독특하고도 신비한 속성을 알게 되기를 바라고, 더욱 창조주에 대한 확실한 믿음을 갖게 되는 계기가 되기를 바랍니다.

"창세로부터 그의 보이지 아니하는 것들 곧 그의 영원하신 능력과 신성이 그가 만드신 만물에 분명히 보여 알려졌나니 그러므로 그들이 핑계하지 못할지니라(롬 1:20)."

이미 창조주를 향한 종교적인 믿음이 있는 분들에게는 이 책이 더욱 더 그 믿음을 확고히 하도록 도울 것입니다.

이 책이 나오도록 동기를 부여한 것은 제가 함께하고 있는 좋은 교사 운동 산하의 '기독 과학 교사 모임'입니다. 그 모임에서 1년 동안 고등학교 1학년 과학 교과서의 '무신론적(빅뱅)우주 기원론에 대해 어떻게 가르칠까?'에 대한 발제의 책임을 맡게 된 것이 계기가 되어 이 책에까지 이르렀습니다. 기독 과학 교사 모임의 기독교적 세계관 수업에 대한 고민이 없었다면 이 책도 나올 수 없었을 것입니다. 그리고 수학의 속성과 정보의 속성 간의 연결을 도운 것은 당연히 '과학으로 우주 만물과 생명의 창조주가 계심을 증거해 왔던 창조과학 선배들'입니다.

이 책이 나오기 전 여러 번에 걸쳐서 중·고등학생들을 포함하여 여러 전문 모임의 교사와 교수님들에게 강의했을 때, 이구동성으로 나온 반응이 '학창시절에 이것을 알았다면 수학을 훨씬 더 열심히 공부했을 것인데!!'라는 안타까움(?)이었습니다. 실제로 제 자신도 지금 수학을 공부하고 싶은 열망에 가득 차 있어서 여러 가지 수학책들을 보고 있을 정도입니다. 아마 수학을 공부하는 학생들의 경우에는 이 책을 통해 수학에 대한 공부 열망이 훨씬 더 강해질 것이라 생각됩니다. 그러다 보니 이 책에 자연스럽게 수학 공부에 대한 강렬한 열망을 불러일으키고자 하는 의도가 첨가되었습니다. 수학을 포기하는 학생들이 많은 현실에서, 이 책이 수학 공부에 대한 특별한 동기부여를 해주었으면 하는 바람입니다.

이 책이 나오도록 옆에서 지원해 준 아내를 비롯한 가족과 창조 과학에 헌신하는 과학자들과 기독 과학교사 모임 선생님들, 그리고 검토와 자문을 해주신 모든 분들에게 지면을 빌어 감사의 마음을 전합니다.

2023년 봄 은평뉴타운에서 박 환 석

프롤로그》

우주에 존재하는 질서와 규칙의 근원

창조주의 존재 증명 중 하나로 다음과 같은 설계론적 논증 또는 목적론적 논증[1]이라는 것이 있습니다.

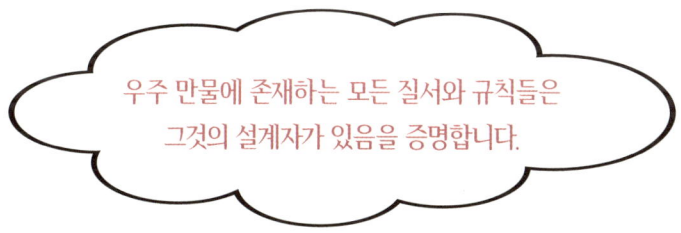

우주 만물에 존재하는 모든 질서와 규칙들은
그것의 설계자가 있음을 증명합니다.

우주와 태양계에서 나타나는 '행성 운동의 고도의 질서와 규칙들'은 많은 사람들로부터 우주 만물이 창조되었다고 여기도록 해 왔으며 질서 정연한 우주 만물은 어떤 초월적 지성을 가진 창조주를 시사하고 있는 것으로 당연히 받아들여졌습니다. 우주 만물에서 드러나는 '훌륭한 설계'와 '복잡성'에 기반한 설계론적 논증은 현대 과학 시대인 지금도 쉽사리 반박되지 않는 유효한 논증임에는 틀림없습니다.

---
1) 창조주 존재 증명 네 가지
  1. 모든 일에는 제1원인이 있다(인과론적 논증).
  2. 세상에 존재하는 모든 질서와 법칙들은 설계자가 있음을 증명한다(목적론적(설계론적) 논증).
  3. 인간의 양심이 하나님을 증명한다(도덕론적 논증).
  4. 특별한 종교적 경험들이 하나님의 존재를 증명한다(경험론적 논증).

그런데 네이버 지식인에 다음과 같이 질문을 하면 어떤 대답이 돌아올까요?

우주 만물에 고도의 질서와 규칙이 존재한다는 것은 배후에 창조주가 계시다는 증거 아닌가요?

네이버 지식인에는 이렇게 댓글이 달려 있었습니다.

그건 당연히 만유인력 때문에 그런 것이죠.

실제로 태양계 행성의 규칙적인 운동과 만유인력은 떼려야 뗄 수 없는 관계입니다. 그러나 곧바로 '만유인력은 어디에서 왔는가?'라는 역질문을 초래하게 됩니다. 만유인력의 기원을 알기 위해서 먼저 질량의 기원을 알아야 할 것입니다. 그래서 유럽입자물리연구소(CERN)에서는 지금도 16개의 기본입자에 질량과 성질을 부여하는 것으로 예측된 '힉스입자'를 찾고 있습니다. 그러나 힉스입자를 찾았다고 하여 만물의 기원이 밝혀진 것은 아닙니다. 결국은 '그런 기본입자와 힉스입자는 어디에서 유래했는가?'를 알아야 하기 때문입니다.

무신론적 우주 기원론을 주장하는 측에서는 이러한 한도 끝도 없는 질문을 종결시키고자 '창조주와 상관없이 기본입자, 힉스입자, 질량, 만유인력 등이 태초의 우주 대폭발(빅뱅) 시점에 저절로 존재하게 되었다'라고 가정해 버립니다. 그러면 당연히 우주에 존재하는 고도의 질서와 규칙도 저절로 존재할 수 있게 되기 때문입니다. 스티븐 호킹의 『위대한 설계』에는 '양자 요동'이라는 현상을 통해 이런 일이 일어날 수 있다는 가정이 담겨져 있고 그 책에서 '우주는 중력법칙에 의해서 탄생했다'라고 표현하고 있습니다.

우주 만물 속 고도의 질서와 규칙의 기원을 물리학적으로 파고들려고 하면 한도 끝도 없습니다. 그 부분은 당대 최고의 이론 물리학자들이 연구하고 있는 분야이니 여기에서는 이론 물리학적으로는 더 깊이 들어가지 않겠습니다. 여기에서는 당연히 만유인력의 법칙이 수학방정식으로 표현된다는 것에 착안하여 우주 만물 속 고도의 질서와 규칙의 기원을 말해 보고자 합니다.

우주 만물의 고도의 질서와 규칙이 만유인력 때문이라는 것은 조금만 생각해 봐도 상식적인 논리에서 맞지 않는 부분이 있습니다. 질량을 가진 물체가 서로 끌어당긴다는 만유인력의 법칙($F=G\frac{m_1 \cdot m_2}{r^2}$)은 질서와 규칙의 또 다른 표현일 뿐이기 때문입니다. 즉 우주 만물 속 고도의 질서와 자연계에 존재하는 힘은 논리적으로 동일한 것이므로, 자연계의 고도의 질서와 규칙의 이유로 만유인력과 같은 힘들을 이야기해서는 안 된다는 것입니다.

또한 질서와 규칙은 항상 수학적으로 표현되는데, 특히 질량이 있는 물체들의 운행 질서가 만유인력의 법칙이라는 수학방정식($F=G\frac{m_1 \cdot m_2}{r^2}$)으로 표현되는 것 뿐입니다. 그러므로 질서와 규칙은 만유인력이라는 힘보다는 만유인력에 관한 수학방정식과 연관이 있습니다. 그래서 창조주의 존재 증거를 위한 위의 질문을 다음과 같이 바꿀 수 있습니다.

> 질서와 규칙의 근원
> =만유인력의 근원
> =만유인력 수학방정식의 근원

우주 만물에 만유인력 방정식과 같은 수학이 존재한다는 것은 배후에 창조주가 계시다는 증거 아닌가요?

이제 질문은 우주 만물에 존재하는 질서와 규칙에서 우주 만물에 존재하는 수학으로 넘어왔습니다. 우주 만물 속의 수학은 어떻게 존재하게 된 것일까요? 아마도 식견을 가진 지성인일지라도 이에 대한 대답을 쉽게 할 수는 없을 것입니다(더 자세한 내용은 p.127의 '수학적 속성을 통한 무신론적 우주 기원론'을 참고하기 바랍니다.).

생명체에서 나타나는 수학도 마찬가지입니다. 생명체 속에서는 황금비와 피보나치 수열과 같은 수학이 자주 발견됩니다. 예를 들어 피보나치 수열에 따라 식물의 꽃잎이 날 경우에는 모든 꽃잎이 먼저 난 잎에 가리지 않으면서 가장 많은 햇빛을 받을 수 있는 최적의 상태가 된다고 합니다. 피보나치 수열은 황금비와도 밀접한 관련이 있으므로 식물이 피보나치 수열 또는 황금비(1.618)라는 독특한 수학을 사용하고 있는 것입니다.

그렇다면 똑같이 네이버 지식인에 이렇게 질문하면 어떤 대답이 돌아올까요?

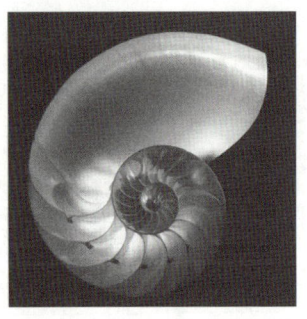

생명체에 나타나고 있는 황금비율이나
피보나치 수열과 같은 수학은
창조주의 설계의 증거 아닌가요?

인터넷과 수학책의 여러 자료들은 대부분 진화론적으로 다음과 같이 말합니다.

식물이나 동물은 오랜 세월 동안 생존에 유리한 방향으로
환경에 적응하는 과정에서 자연스럽게
피보나치 수열이나 황금비 1.618을 사용하게 되었다.

이런 주장은 매우 억지스럽습니다. 피보나치 수열이나 황금비가 저절로 선택될 수 있는 성질의 것도 아닐 뿐더러, 그렇게 오랜 세월 동안 시행착오를 거쳐 선택되기 전에 생물들은 모두 죽고 말았을 테니까요.

이 책은 우주 만물 속에서 고도의 질서와 규칙이 존재한다면, 그리고 생명체 속에서 수학이 발견된다면 곧바로 창조주의 수학적 지성에서 비롯된 것이라는 것을 밝히고자 합니다. 그것은 현대 수학에서 발견되는 신비한 현상, 즉 '인간의 머릿속에서 수행했던 순수수학이 우주 만물 속에 그대로 드러나는 이유'를 통해서입니다.

자! 이제 수학에서 창조주를 발견하는 여행을 떠나보도록 하겠습니다.

가자! 창조주의 수학 세계로!

1장 아인슈타인의 고민

1. 아인슈타인의 고민

뉴턴(Isacc Newton, 1642-1727)의 중력방정식을 확장하여 일반상대성이론을 완성했던 위대한 물리학자 아인슈타인(Albert Einstein, 1879-1955)에게 다음과 같은 고민이 있었다고 합니다.

아인슈타인의 고민

(1) 인간이 우주를 이해한다는 것이 가장 큰 미스터리이다.
(2) 수학은 경험에 의존하지 않는 인간 사고의 산물인데, 그런 수학이 물리적 실체의 대상에 정확히 들어맞는 일이 어떻게 가능할까?

이 책은 아인슈타인의 두 가지 고민과 밀접하게 연관되어 있습니다. 아마도 그 고민에 대해 해답을 제시한다고 할 수도 있을 것 같습니다. 물론 아인슈타인이 이에 대한 해답을 모르고 위와 같은 고민을 말했다는 뜻은 결코 아닙니다. 어쩌면 아인슈타인은 이미 자신은 정답을 알고 있으면서, 이런 질문을 통해 다른 사람들도 자신처럼 정답을 알기를 바라는 마음이었는지도 모릅니다.

아인슈타인이 왜 이런 질문을 던졌는지에 대한 물리학적 배경이 있습니다. 그것은 수학의 물리학에 대한 특별한 효용성과 관련이 있습니다. 아인슈타인은 1905년 등속 운동을 하는 물체에 대한 특수상대성이론을 발표한 이후 가속 운동을 하는 물체에까지 확장한 일반상대성이론을 확립하기 위해 10여 년 동안 연구했습니다.

아인슈타인이 베른의 특허청에 앉아 있었을 때, 가속과 중력 사이에 아무런 차이가 없다는 것이 깨달아져서 그는 가속과 중력을 하나로 묶는 방정식을 찾아내고자 했습니다. 그러나 그것은 쉽지 않았습니다. 그때 그의 친구 그로스만(Marcel Grossmann, 1878~1936)이 아인슈타인의 상대성이론에는 좀더 일반적인 차원의 기하학이 필요하다는 것을 말해 주었고, 19세기의 수학자 베른하르트 리만(Bernhard Riemann, 1826~1866)의 곡면을 대상으로 하는 기하학을 소개해 주었습니다. 그리고 아인슈타인은 1916년 '리만의 기하학'이라는 수학을 바탕으로 일반상대성이론을 발표합니다.

이런 일련의 과정에서 아인슈타인은 휘어진 우주 공간을 설명하는 수학이 이미 존재해 있었다는 것에 대해서 상당히 놀랐습니다.

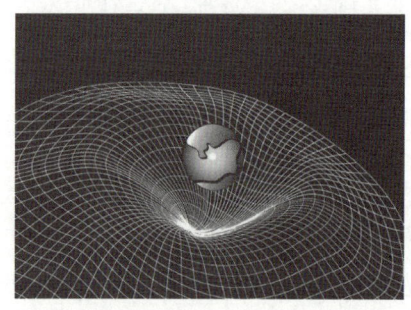

어떻게 어렵게 결론에 도달한 휘어진 시공간이 수학에서 이미 드러나 있었던 것인가?

이를 통해 아인슈타인은 물리학에서의 수학의 지나친 효용성에 대해서 생각하게 되었던 것입니다. 그리고 수학의 본질이 무엇인가에 대한 고민을 하며 다음과 같은 질문을 한 것입니다.

수학은 경험에 의존하지 않는 인간 사고의 산물인데,
그런 수학이 우주 공간이라는 물리적 실체의 대상에
정확히 들어맞는 일이 어떻게 가능할까?

그리고 더 나아가서 아인슈타인은 아래와 같이 인간과 우주에 대한 근본적인 질문을 던집니다.

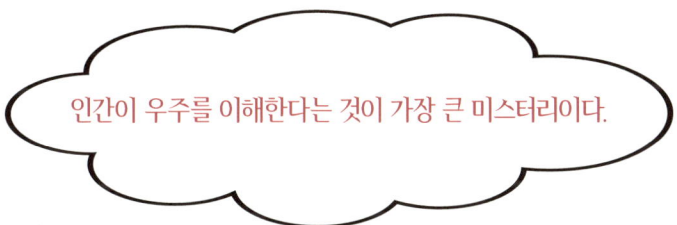

인간이 우주를 이해한다는 것이 가장 큰 미스터리이다.

2. 수학의 비합리적 효용성

수학의 본질에 대한 고민은 아인슈타인만 하고 있었던 것은 아니었습니다. 이미 물리학계에서는 수학이 물리학을 하는 데 있어서 지나치게 유용했기에, 수학은 물리학을 하기 위한 도구(?)가 아니라 물리학의 여왕으로 군림하고 있었습니다. 그리고 논리적 추상 세계를 다루는 수학이 물리적 실제 세계와 연관이 있다는 것을 깨달아 가고 있었습니다.

물리학에서의 수학의 유용성에 대해서 도무지 합리적으로 설명할 수 없는 일들에 대해 몇 가지 예를 더 들어보겠습니다(이에 대한 자세한 내용은 [부록1-수학의 비합리적 효용성]에 실어놓았습니다. 여기에서는 요점만 간략히 설명하겠습니다.).

1) 뉴턴의 만유인력 방정식 발견

뉴턴(Isaac Newton, 1642~1727)이 1687년 발견한 만유인력 방정식은 『자연 철학의 수학적 원리(프린키피아, *principia*)』라는 책의 제목에서도 알 수 있듯이 거의 수학적 작업의 결과였습니다. 수학적으로 우수했던 뉴턴은 미분과 적분을 포함한 수학을 통해서 자연계 운동의 원리를 방정식 하나로 통합했습니다.

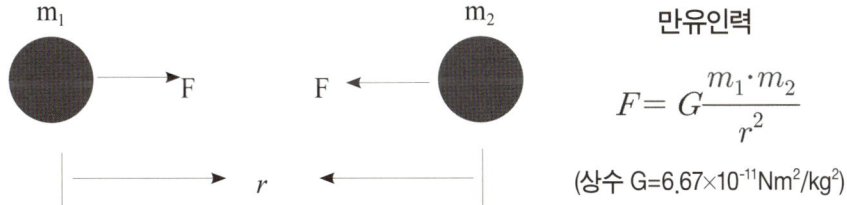

만유인력

$$F = G\frac{m_1 \cdot m_2}{r^2}$$

(상수 $G=6.67 \times 10^{-11} Nm^2/kg^2$)

그런데 뉴턴 당시의 실험과 관찰 수준은 4%정도밖에 되지 않았다고 합니다. 그러나 뉴턴이 수학적으로 밝힌 만유인력에 대한 방정식은 지금의 정교한 실험으로도 99.999% 이상의 정확성을 갖추는 것으로 밝혀졌습니다(『신은 수학자인가』 참고). 다시 말하면, 뉴턴의 물리법칙은 실험과 관찰을 통해 밝혀진 것이 아니라 수학적으로 밝혀진 것이었습니다. 어떻게 이것이 가능한 것인가요?

어떻게 실험과 관찰의 방법이 아니라 수학방정식 세움이
만유인력이라는 물리적 실제를 더 자세히 묘사하게 되는 것인가요?

당연히 뉴턴은 물리적 우주가 수학적으로 표현되는 것에 대해 매우 신기하게 여기고 있었습니다. 기독교 세계관이 당시의 주류 사상이었으므로 뉴턴은 '수학적 우주의 창조주'를 믿는 믿음으로 물리현상 속의 수학의 신비를 이해했습니다.

2) 맥스웰의 전자기파 예측

스코틀랜드의 맥스웰(James Clerk Maxwell, 1831~1879)이 1864년에 전자기 파동방정식을 발표했습니다. 그런데 그의 전자기파 발견 과정에는 교과서에는 없는 신비스러운 과정이 있었습니다.

맥스웰(James Clerk Maxwell, 1831~1879)

그것은 수학적 대칭성의 이용에 관한 것이었습니다.

맥스웰은 기존 과학자들의 전기와 자기에 대한 실험 결과를 정리하여 네 가지 수학 방정식으로 나타냈습니다(부록 1 참고). 그리고 전류나 전하가 없는 상태에서의 방정식을 다음과 같이 정리해 보았습니다.

(1) 가우스 법칙 $\qquad \oint \vec{E} \cdot d\vec{S} = 0$

(2) 자기장에 대한 가우스 법칙 $\qquad \oint \vec{B} \cdot d\vec{S} = 0$

(3) 암페어 법칙 $\qquad \oint \vec{B} \cdot d\vec{l} = 0 \rightarrow \oint \vec{B} \cdot d\vec{l} = +\mu_0 \epsilon_0 \frac{d\Phi_E}{dt}$

(4) 패러데이 법칙 $\qquad \oint \vec{E} \cdot d\vec{l} = -\frac{d\Phi_B}{dt}$

그런데 이렇게 네 가지 식을 써 놓고 보니 이 식들 사이에 전기장(E)과 자기장(B)의 대칭성이 눈에 보였습니다. (1)과 (2)식이 전기장 E와 자기장 B의 적분으로 표현되고 (3)과 (4)식도 자기장 B와 전기장 E의 적분으로 표현됩니다. 그런데 (4)식은 우항이 0이 아니고 자기장 선속(φ_B)의 시간적 변화율이 존재합니다. (4)식의 의미는 자기장이 변하면 전기장이 유도된다는 의미입니다.

이때 맥스웰은 대칭을 위해서 (3)식도 (4)식과 어울리도록 전기장 선속(φ_E)의 시간적 변화율이 존재한다는 식을 집어넣으면 좋겠다고 생각합니다. 즉 전기장이 변하면 자기장이 유도된다는 의미를 집어넣은 것입니다. 그리고 약간의 고급수학을 사용하여 식을 전개했더니 다음과 같은 전자기 파동방정식이 유도되었습니다. 그것은 훗날 전자기파에 해당하는 파동방정식이었습니다.

$$\nabla^2 \vec{B} - \mu_0 \epsilon_0 \frac{\partial^2}{\partial t^2} \vec{B} = 0$$

맥스웰의 전자기파 예측은 결코 물리학적인 실험이나 관찰에서 나온 발상이 아닙니다. 단지 수학식이 서로 대칭을 이룬다면 어떨까 하는 것에서 나온 단순한 수학적 발상이었습니다. 그리고 20여 년이 지난 후 헤르츠(Heinrich (Rudolf) Hertz, 1857-1894)라는 사람에 의해 전자기파는 실제로 발견되었습니다. 물론 맥스웰이 예견했던 파동방정식을 그대로 만족했습니다.

3) 디랙의 양전자 예측

폴 디랙(Paul Dirac, 1902~1984)

1920년대 폴 디랙(Paul Dirac, 1902~1984)이라는 물리학자가 양전자의 존재를 예측할 때에도 수학방정식의 관찰에서 얻은 결론이었습니다.

디랙이 연구했던 분야인 '상대론적인 디랙 방정식'에서 나온 한 가지 이해할 수 없는 결론이 '음(陰)'의 에너지 상태도 존재해야 한다는 것이었습니다. 그러나 당시 학계에서는 '음의 에너지'란 있을 수 없는 것이었으므로 디랙의 연구에서 음의 에너지 부분은 무시당했습니다. 그러나 디랙은 자신이 세운 물리방정식이 너무도 아름답다는 이유만으로 음의 에너지를 가진 입자가 존재한다고 철썩같이 믿었습니다. 그런데 몇 년 후 디랙이 예측한 음의 에너지를 가진 입자가 실제로 발견되었습니다. 그것은 전자의 반물질인 양전자였습니다. 결국 디랙이 세웠던 수학방정식은 양의 에너지를 가진 세계와 음의 에너지를 가진 세계를 모두 묘사하고 있었던 것입니다.

3. 수학의 신비 :
순수수학과 자연 속 수학의 일치

수학만으로도 자연의 운행원리를 밝혀낼 수 있다는 것, 이것이 물리학계에서 발견되고 있는 수학의 신비입니다. 이제 현대 물리학자들은 무슨 이유인지도 모르면서 물리현상이 수학으로만 표현되면 극도의 정확성을 띠게 된다는 것과 물리학자들이 발견해 낸 수학방정식 안에는 예측되지 않는 새로운 자연현상이나 새로운 물리적 실체까지 들어 있다는 것을 깨달았습니다. 그래서 새로운 물리학적 발견을 시도하는 물리학자들은 자연 현상에 대해 수학적인 이론 정립을 우선하는 경우가 더 많습니다.

유진 위그너
(Eugene Paul Wigner, 1902-1995)

노벨물리학상을 수상한 유진 위그너(Eugene Paul Wigner, 1902-1995)는 1960년 "수학의 불가사의한 효과에 대하여"라는 그의 논문[2]에서 수학의 이러한 신비스러운

---

2) 저자의 다음 카페에 전문이 있습니다. http://cafe.daum.net/creation4child 어린이, 청소년을 위한 창조과학, 창조수학

특성을 '수학의 비합리적인 효용성(unreasonable effectiveness of mathematics)'이라고 불렀습니다.

자연과학에서 수학이 그렇게 방대하게 쓰일 수 있다는 것은 거의 불가사의에 가까운 것이며, 그것은 어떻게 합리적으로 설명할 수가 없습니다… 물리법칙을 표현하는 데 수학의 언어를 전용할 수 있다는 기적은 우리가 이해할 수도 없고 받을 자격도 없는 놀라운 신의 은총입니다. 즉 수학이 자연현상을 해석하는 데 효과적인 도구가 된다는 것은 수학이 이성 자체의 모습일 뿐 아니라 우주의 언어, 자연현상의 본질적 구조라고 까지 생각하게 됩니다.

그러나 수학의 신비에 대한 고민은 물리학계에서만 일어나고 있는 일이 아니라 수학계에서도 일어나고 있었습니다. 그것은 인간의 이성적 논리 세우기인 순수수학과 실세계 사이의 연관이 일어나는 현상이 종종 발견되고 있었기 때문입니다. 즉 수학자들에 의해 머릿 속으로만 구상되어졌던 순수수학이론이 이미 자연계 안에 존재하고 있었다는 것이 속속들이 드러나고 있었던 것입니다.

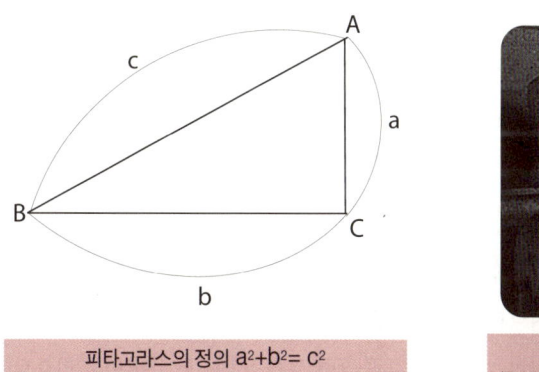

피타고라스의 정의 $a^2+b^2=c^2$

피타고라스
(Pythagoras, BC 580-500)

본론으로 들어가기 전에 먼저, 피타고라스의 정리를 예로 들어 수학이라는 학문의 체계는 어떻게 세워진 것인지를 알아보도록 하겠습니다. 수학이라는 학문의 체계가 피타고라스라는 인간이 무엇인가를 관찰하고 세운 것인가요? 절대 그렇지 않습니다.

피타고라스의 정리와 같은 수학 이론이 세워진 과정은 모두 수학자들의 머릿 속에서 행해지는 논리 세움에 의한 것입니다. 즉 수학은 인간의 머릿속 지성의 영역에서 논리적으로 수행되는 추상적인 학문인 것입니다. 인간은 누구나 이런 수학적 논리를 세울 수 있는 능력을 타고 났습니다. 수학의 논리 세움이 철학의 논리적 사고를 하는 과정과 유사하기 때문에, 논리적 사고력을 키우기 위해서 수학을 공부해야 한다는 말을 하기도 합니다.

- 대수학
  숫자의 비밀을 탐구
- 기하학 및 위상수학
  공간의 비밀을 탐구
- 해석학
  극한의 비밀을 탐구

거의 대부분의 수학은 어떤 실용적 목적에 이용하려는 의도가 전혀 없이 오직 인간이 자신의 '수학적 지성'만을 사용하여 논리적으로 연구하는 학문입니다. 이것을 순수수학이라고 합니다. 대수학, 기하학 및 위상수학, 해석학 등이 바로 순수수학입니다. 당연히 순수수학의 반대는 응용수학일 것입니다.

그런데 전적으로 인간의 두뇌에서 수학적 논리체계를 따라 관념적으로 수행된 이러한 순수수학이 실세계에서 똑같이 존재하고 있었다는 것입니다. 이것이 수학의 신비입니다. 마리오 리비오(Mario Livio)도 그의 저서 『신은 수학자인가?(Is God a Mathematician?)』에서 다음과 같이 묘사했습니다.

어디에 적용하려는 의도를 전혀 고려하지 않은 채, 순수하게 이론적으로만 탐구한 개념과 관계가 수십 년, 혹은 수백 년이 흐른 뒤 물리적 실체의 기저에 깔린 문제를 해결할 뜻밖의 해답으로 밝혀지는 것입니다.

영국의 수학자 이언 스튜어트(Ian Stewart, 1945~, 워릭대학교)도 그의 책 『자연의 패턴

(Nature's Numbers)』에서 다음과 같이 수학의 신비에 대해서 묘사했습니다.

수학자와 '실세계' 사이의 관계에서 드러나는 가장 기묘한 (동시에 가장 강력한) 특성 중 하나는, 훌륭한 수학은-그 근원이 무엇이든간에- 종내에는 극히 유용함이 입증된다는 사실입니다.

이제 다음 장에 소개할 순수수학이론들은 수학계에서 발견되어진 수학의 신비, 곧 인간의 머릿속, 즉 수학적 지성에서만 연구된 순수수학이었는데, 훗날 실제 자연세계에서도 광범위하게 나타나는 예들의 일부분입니다. 그리고 이어서 수학의 신비가 일어나는 이유를 창조론적으로 설명하고 아울러 아인슈타인의 두 가지 고민에 대한 해답도 제시할 것입니다.

> 피보나치 수열, 황금비, 황금나선, 프랙탈, 로그(log), 허수, 매듭이론, 2차곡선, 미적분, 리만 기하학 등

여기에 소개되는 순수수학과 자연 속 수학의 일치에 대한 내용들은 그 자체가 방대한 책 한 권 분량이기 때문에 자세한 내용은 별도의 전문 서적을 참고하기 바랍니다. 이 책에서는 수학의 본질이 무엇인가에 대해서 중점적으로 다루고자 합니다.

훌륭한 독자들은 이 중 한두 가지 예만 읽고도 다음 물음에 대한 나름대로의 정답을 생각해 낼 수 있을 것입니다.

> 어찌하여 머릿속 수학적 지성에서만 연구되었던 순수수학이론이 자연 세계에 이미 존재해 있었는가?
> 왜 순수수학과 자연 속 수학의 일치가 일어나는 것일까?

읽어보세요!

역사를 통해서 수학은 두 가지 서로 다른 원천을 통해서 발전해 왔는데, 그 한 가지는 '자연세계'이고, 다른 한 가지는 '논리적 사고의 추상적 세계'입니다. 이 둘이 합해져서 수학에 힘을 실어 주었기 때문에, 우리는 수학을 통해서 우주에 대한 정보를 얻었습니다. 이런 관계를 완전히 이해한 디랙은 "수학자는 그가 창조한 규칙 안에서 게임을 하고, 물리학자들은 자연이 부과한 규칙 안에서 게임을 한다. 그런데 시간이 지날수록 그 둘의 규칙은 동일하다는 것이 점점 분명해졌다."고 말했습니다. (출처 : 『아름다움은 왜 진리인가』, 이언스튜어트 지음)

2장 왜 순수수학과 자연 속 수학의 일치가 일어나는 것일까?

1. 피보나치 수열과 자연 속 피보나치 수열의 일치

피보나치
(Leonardo Fibonacci, 1170~1250)

1) 피보나치 수열이라는 순수이론수학

수학의 역사에서 가장 흥미로운 것이 피보나치 수열이라고 합니다. 고대 이집트 사람들과 그리스 사람들도 피보나치 수열을 알았던 것으로 추측되고 있습니다만 공식적으로 피보나치 수열이 발견된 과정은 다음과 같습니다.

13세기경 이탈리아의 피보나치(Leonardo Fibonacci, 1170~1250)라는 사람이 이런 상상을 하게 되었습니다.

토끼 한 쌍을 우리에 넣었습니다.
이 토끼 한 쌍은 한 달에 새로운 토끼 한 쌍을 낳고,
낳은 토끼들도 한 달이 지나면 다시 한 쌍의 토끼를 낳습니다.
토끼는 죽지 않고 영원히 산다고 할 때,
1년이 지나면 몇 쌍의 토끼가 있을까요?

피보나치의 상상대로라면 토끼의 쌍은 다음과 같습니다.

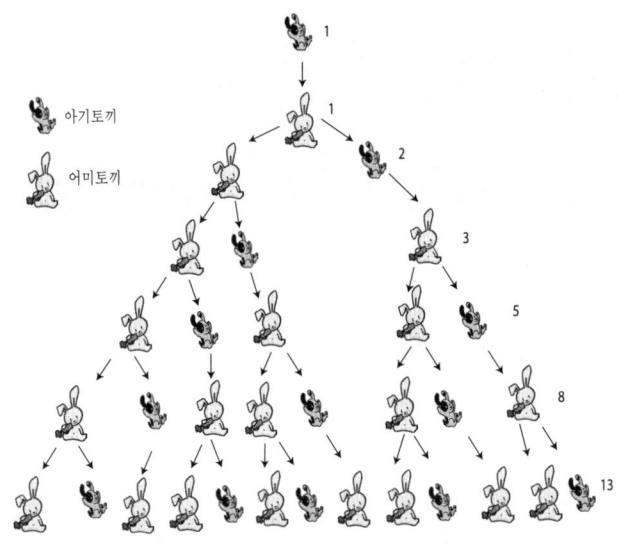

1, 1, 2, 3, 5, 8, 13, 21, 34, 55, 89

이런 수의 배열은 선행하는 두 수의 합이 다음의 수가 되고, 앞의 수를 뒤의 수로 나누면 0.618이라는 작은 황금비가 되고, 뒤의 수를 앞의 수로 나누면 1.618이라는 큰 황금비가 되는 특수한 수열입니다.

$$\frac{34}{55} = 0.61818, \quad \frac{55}{89} = 0.61797 \quad \frac{55}{34} = 1.61764, \quad \frac{89}{55} = 1.61818$$

또한 각 피보나치 수는 이웃한 두 수의 기하평균의 근삿값이기도 합니다. 즉 B가 A와 C의 기하평균일 때 B=$\sqrt{AC}$의 관계가 성립합니다. 인접한 피보나치 수 13, 21, 34를 예로 들면 $21 ≒ \sqrt{13 \times 34} = 21.02379\cdots$과 같습니다.

2) 자연 속 피보나치 수열의 예

피보나치 수열은 분명히 피보나치라는 사람이 상상력을 동원하여 만든 수열에 불과했습니다. 결코 자연에 대한 관찰에서 발명된 것이 아니라는 것입니다. 그런데 이 단순한 수열이 자연계 곳곳에서 무수히 많이 찾아볼 수 있다는 것이 알려지기 시작하면서 수학자들을 놀라게 했습니다.

① 꽃잎의 개수와 줄기

우리 주변에 있는 꽃들의 꽃잎을 세어보면 거의 모든 꽃잎이 '3장, 5장, 8장, 13장…'으로 되어 있음을 알 수 있습니다. 간혹 피보나치 수열을 이루지 않는 것 같은 꽃의 경우에는 몇 개의 꽃잎이 실제로는 꽃받침이기 때문에 나타나는 착각이라고 합니다.

꽃잎 8장   꽃잎 13장   꽃잎 21장

식물의 줄기를 따라 올라가면서 잎의 개수를 세어도 그 수들은 일반적으로 피보나치 수열을 이루게 됩니다. 그리고 줄기 또한 위로 올라가면서 피보나치 수열을 이룹니다.

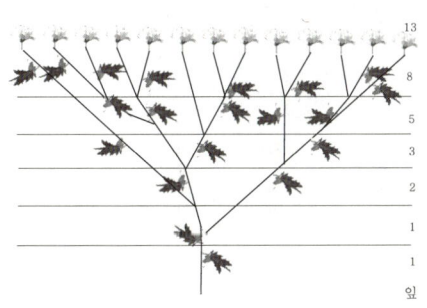 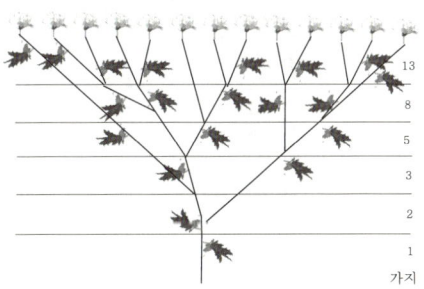

2장 왜 순수수학과 자연 속 수학의 일치가 일어나는 것일까?

어떻게 자연의 꽃잎들과 줄기들은 피보나치 수열의 지배를 받고 있는 것일까요?

② 어긋나기 잎차례

줄기에 잎이 배열되는 방식을 잎차례라고 하는데 어긋나기(식물의 잎이 줄기의 1마디에 1장씩 붙는 형식)의 경우, 잎의 부착점을 잎의 발생순으로 연결한 선은 줄기의 위를 나선상으로 그리는데 대부분 이웃하는 잎끼리 일정한 각도를 유지하고 있습니다. 이때 여러 가지의 잎차례가 나타나게 되는데 어긋나기에 대해 조사한 결과를 정리해 보면, 돌려난 잎의 각도에 따라 다섯 가지 종류로 분류할 수 있습니다.

144도(360×2/5)	대부분의 많은 식물	5번째 잎과 겹침
180도(360×1/2)	옥수수, 벼, 대나무, 바랭이	2번째 잎과 겹침
120도(360×1/3)	방동사니, 오리나무	3번째 잎과 겹침
135도(360×3/8)	장미, 배나무, 버드나무	8번째 잎과 겹침
138.4도(360×5/13)	선인장, 소나무, 아몬드	13번째 잎과 겹침

이때 보이는 분모와 분자에 있는 수가 항상 2, 3, 5, 8, 13 등 피보나치 수열입니다.

2/5 어긋나기

3/8 어긋나기

③ 해바라기 씨와 파인애플 무늬

해바라기의 시계방향 나선의 수는 13개입니다.

해바라기에 씨가 박힌 모양을 보면, 해바라기의 시계방향으로 도는 나선의 수가 13이면, 반시계방향으로 도는 나선의 수는 8입니다. 마찬가지로 시계방향으로 도는 나선의 수가 21이면 반시계방향으로 도는 나선의 수는 34입니다. 데이지의 경우에도 시계방향으로 도는 나선의 수가 21이면 반시계방향으로 도는 나선의 수는 34입니다.

솔방울의 경우도 꼭지가 있는 위에서 바라보면 시계방향 나선과 반시계방향으로 나선을 이루며 교차하고 있는데, 그 나선의 수는 각각 13개와 8개로 되어 있습니다. 파인애플에서도 왼쪽으로 경사져 내려오는 다이아몬드 무늬 모양으로 생긴 8줄의 인편이 있는가 하면 오른쪽으로는 5줄의 비스듬히 내려오는 인편이 있습니다.

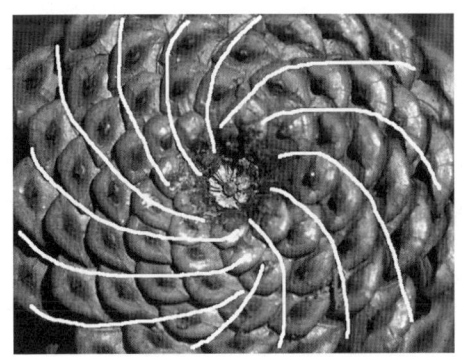
솔방울의 시계방향 나선의 수는 13개입니다.

2장 왜 순수수학과 자연 속 수학의 일치가 일어나는 것일까? 43

④ 수벌의 가계도

피보나치 수열에서 제시된 토끼의 가계도는 비현실적입니다. 그러나 수벌의 가계도는 실제로 피보나치 수열을 이룬다고 합니다. 벌집 안에는 수벌, 암벌, 여왕벌 등 세 종류가 있는데 수벌은 어머니만 있고 아버지는 없는 벌들로 무정란에서 태어납니다. 수벌 한 마리가 있다고 생각하고, 그 조상들을 따라가 보면 매번 벌들의 합이 모두 피보나치 수열의 수가 된다고 합니다.

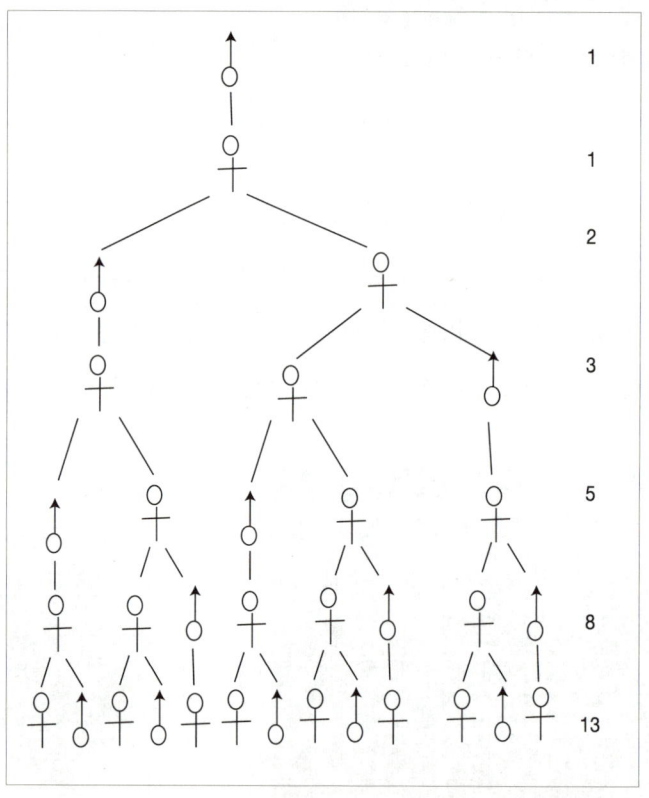

수벌의 가계도

이 외에도 자연 속에서 드러나는 피보나치 수열의 예는 수도 없이 많이 존재합니다. 피보나치 수열에 대한 수많은 전문서적이 있기에 이 곳에서 더 열거할 필요가 없을 것입니다. 피보나치 수열을 통해 이 책에서 묻고 싶은 것은 이것입니다.

> 피보나치에 의해서, 지극히 수학적 논리에서 출발한 피보나치 수열이라는 순수수학이 어떻게 자연의 곳곳에서 이토록 똑같이 나타나는 것일까?

결론이 궁금한 독자라면 바로 "3장 수학의 신비에 대한 창조론적 이해"로 넘어가도 됩니다. 아마 3장으로 넘어가서 결론을 본 후 다시 돌아와서 수학의 신비가 일어나는 열 가지 예를 읽는다면 그 감동이 배가 될 것이라고 생각됩니다.

개월	처음	1개월 후	2개월 후	3개월 후	4개월 후	5개월 후	...
토끼							...
토끼 쌍의 수	1쌍	1쌍	2쌍	3쌍	5쌍	8쌍	...

읽어보세요!

피보나치 수열과 영원한 생명

피보나치 수열이 완성되기 위해서 꼭 필요한 조건이 무엇인지 아세요? 그것은 토끼와 같은 동물들이 죽지 않고 영원히 살아야 한다는 것입니다. 죽음이 없는 영생하는 존재일 때 이 수열이 완성됩니다. 지구상에는 영생하는 동물이나 사람이 없기 때문에 피보나치 수열을 따라 나타나는 인구 증가는 비현실적입니다.

그러나 피보나치 수열이 자연 속에서 무수히 발견된다는 특징을 통해 유추했을 때, 혹시 과거에 피보나치 수열을 따라 인구 증가가 이루어졌던 때가 존재하지 않았을까요? 즉 인간과 동물이 영생했던 때 말입니다. 성경 창세기에도 아담과 하와가 영생하는 존재였다고 나와 있지 않습니까?

그렇다면 혹시 피보나치 수열은 태초에 창조주께서 동물과 인간을 창조하시고, 땅에 충만하도록 의도하신 수학적 원리가 아니었을까요?

지금은 잃어버린 영원한 생명! 그러나 피보나치 수열은 창조주가 인류에게 분명히 허락한 영원한 생명에 대한 '희미한(?)' 수학적 증거일 수 있습니다.

"그들(사람)에게 이르시되 생육하고 번성하여 땅에 충만하라(창 1:28)."

사람의 인구가 약 1,000(500억 쌍)억이 넘으면 땅에 충만한 것으로 볼 때, 피보나치 수열대로 계산하면 52세대가 지나면 1,000억에 이르게 됩니다. 1세대가 30년일 경우에는 1,560(30×52)년 후, 1세대가 60년일 경우에는 3,120(60×52)년 후, 1세대가 100년일 경우에는 5,200(100×52)년 후에 인류의 인구가 1,000억을 넘게 되는 것입니다(이정자, 『생명의 수학적 디자인』(북스힐, 2005)에서 참고).

2. 황금비와 자연 속 황금비의 일치

1) 황금비라는 순수이론수학

사진이나 미술, 건축의 구도에서 가장 먼저 나오는 것이 황금비(황금분할)이기 때문에 미술이나 건축을 하는 사람들은 황금비에 대해서 익숙할 것입니다. 보티첼리(Sandro Botticelli, 1445-1510)의 "비너스의 탄생"이라는 그림에서 가로 길이는 세로 길이의 약 1.6배, 즉 황금비(1.618)에 가깝다고 합니다. 파르테논 신전에도 기둥과 지붕의 비 그리고 전반적인 형태가 황금 직사각형을 이루도록 만들어졌다고 합니다(여기에서도 황금비에 대한 내용은 간략하게만 다루려고 합니다. 황금비에 대해서 더 자세히 알고자 한다면 관련 서적을 참고하기 바랍니다.).

★ 보티첼리의 "비너스의 탄생"

48 수학에서 발견한 창조주

언제부터 황금비가 알려졌는지에 대해서는 정확히 알려져 있지 않지만 아마도 인류 문명이 시작할 때부터일 것이라고 추측합니다. 이미 고대 이집트의 피라미드에서 황금비가 적용되었고, 그리스의 피타고라스 학파에서도 황금비를 신성한 비율로 여겼기 때문입니다. 문서상으로는 유클리드(Euclid, BC 325~265)에 의해 '직선상에서 A:B=(A+B):A의 등식이 충족되게 나눌 수 있는 점은 오직 한 점이며 이 점을 황금분할의 점(전체의 61.8%에 해당하는 점)'이라고 정의된 기록이 최초라고 합니다. 황금비가 중요한 이유는 선분을 단순한 비례로 만들어낼 수 있는 단 하나의 방법이기 때문입니다.

황금비와 비슷하게 황금각과 황금 직사각형도 있습니다. 황금각이란 원에 있어서 긴 원호와 짧은 원호가 황금비를 이룰 때 형성되는 각으로 137.5° 정도가 됩니다. 당연히 반대편 각은 222.5°이므로 이 또한 황금각이라고 할 수 있습니다. 그리고 정사각형 밑변의 중점을 중심으로 하여 위쪽 꼭짓점에서 아래로 호를 그리면 쉽게 황금 직사각형을 만들 수 있습니다.

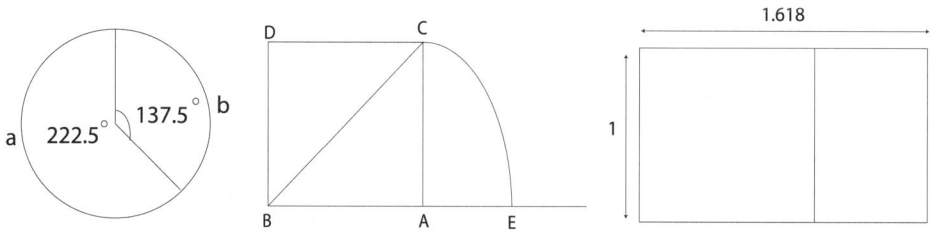

특히 황금직사각형은 황금나선(로그나선), 피보나치 수열과도 연결이 됩니다. 즉 정사각형에 더해진 작은 직사각형도 황금 직사각형이라는 것입니다. 다시 작은 직사각형을

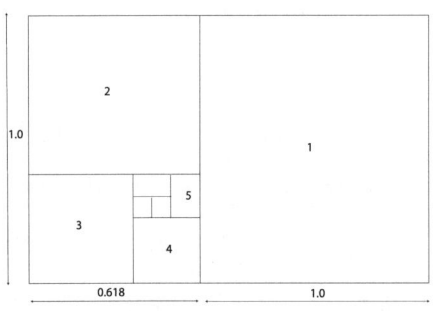 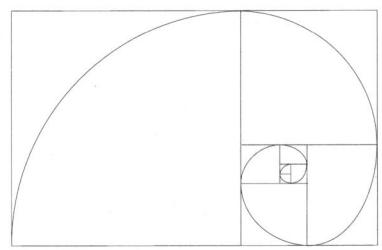

정사각형과 직사각형으로 분리했을 때도 직사각형은 황금 직사각형이 된다는 것입니다.

이 과정은 무한히 반복될 수 있는데, 점점 더 작은 정사각형과 황금 직사각형이 끝없이 이어지며, 어느 한 점을 향해 나선을 그리며 나아가게 됩니다. 이때 한 꼭지점이나 중심을 위 그림처럼 곡선으로 연결하면 나선이 생기는데, 이 나선을 황금나선(Golden Spiral)이라고 부릅니다. 그리고 직사각형의 면적을 수열로 만들면 피보나치 수열이 됩니다. 이렇게 황금비, 황금나선, 피보나치 수열이라는 이 세 가지는 자연을 구성하는 기본 원리처럼 느껴질 정도로 자연계에 수없이 적용되어 있습니다.

오각형 별 모양의 중앙에는 또 하나의 오각형이 들어 있습니다. 작은 오각형의 꼭짓점들을 연결하면 또 하나의 별이 만들어지고, 이 과정은 무한히 되풀이됩니다. 별을 이루는 다섯 개의 삼각형의 빗변과 밑변의 길이에 대한 비율은 1.618이 됩니다. 또한 정오각형의 한 변과 그 대각선의 비도 1.618입니다.

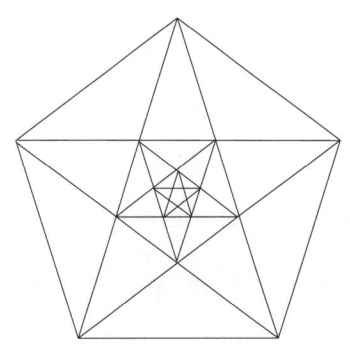 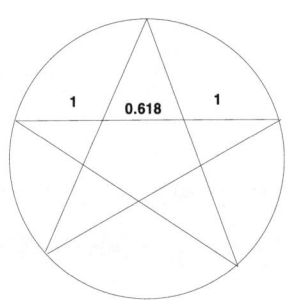

선분을 단순한 비례로 만들어낼 수 있는 단 하나의 방법인 황금비는 다른 신비한 특성도 가지고 있습니다. 다음과 같이 선분을 1로 놓고, 큰 황금값을 Φ(=1.618)라 하고 작은 황금값을 φ(=0.618)라 할 때, 신비롭게도 다음과 같은 식과 작도가 성립합니다.

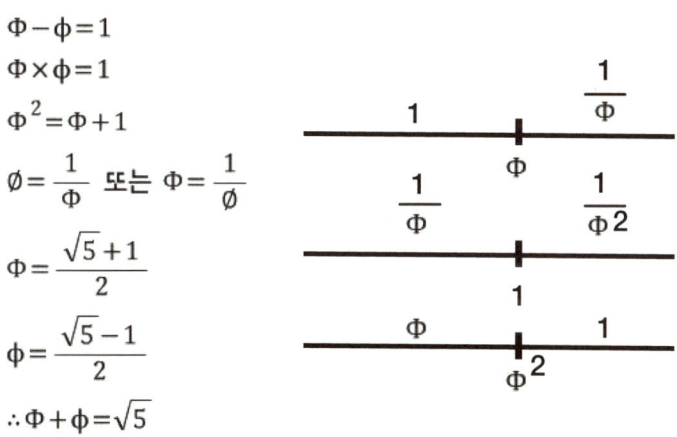

2) 자연 속 황금비의 예

이렇게 선분이나 직사각형에 대해 지극히 기하학적이고 수학적으로만 정의되었던 황금비가 자연계에서 광범위하게 나타납니다. 어느 정도냐면, '천지만물이 지적 설계자에 의해 창조된 거대한 컴퓨터 프로그램이라는 주된 증거가 황금비라는 수학'일 것이라고 말할 정도입니다.

먼저, 정오각형을 띠고 있는 불가사리에서 황금비의 전형을 발견할 수 있고 꿀벌은 머리와 가슴을 합한 부분의 길이와 배 부분의 길이 비율이 황금비를 이루고, 딱정벌레는 황금 직사각형을 이룹니다.

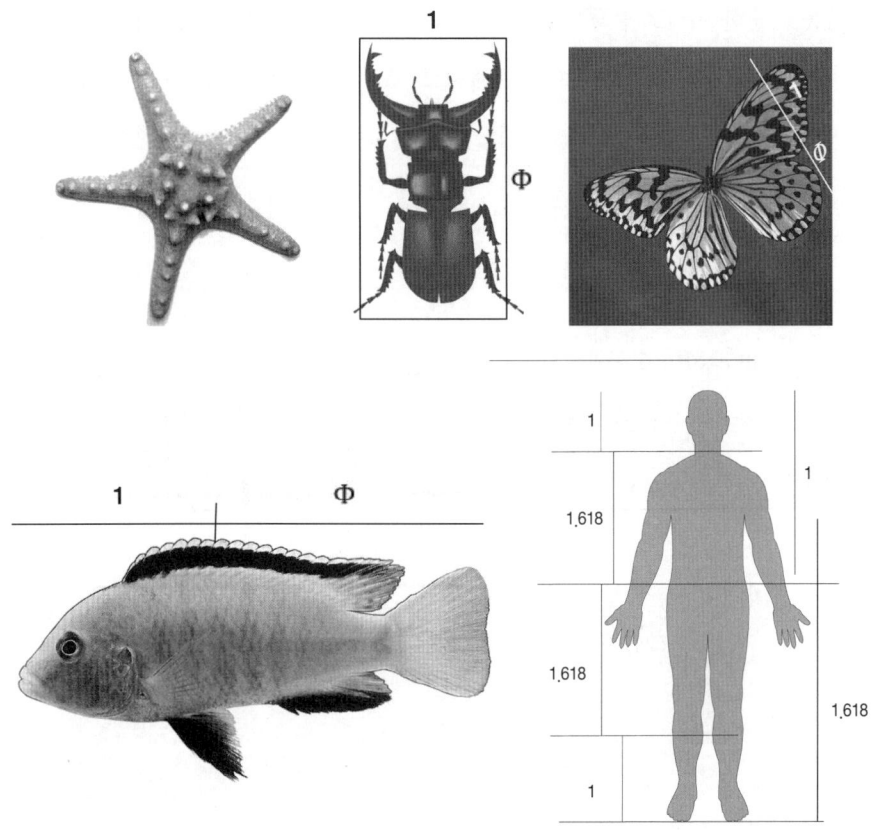

농어 또는 어떤 물고기는 부위별로 황금비를 이루고, 나비의 모양과 사슴의 모양도 전체적으로 황금비를 이룹니다.

황금비는 인체에서도 나타납니다. 배꼽을 기준으로 배꼽 위부터 머리 끝까지의 길이와 배꼽 아래에서 발바닥까지의 길이가 1 대 1.618에 해당합니다.[3] 목을 기준으로 머리와 상체의 비율도 황금비이며 그 외 손가락의 세 마디가 황금비 관계이고 손목은 손과 앞팔을 황금분할로 나눕니다. 아름다운 치아는 가운데 앞니 두 개의 가로세로의 비율이 황금비입니다. 또한 가운데 앞니의 폭과 그 옆니의 폭의 비율도 황금비입니다.

---

3) 그러나 실제로 사람들을 대상으로 측정해 보면 대다수는 황금분할(1.618)에 대한 피보나치 근삿값인 5:3(1.66) 근처가 가장 많다고 합니다.

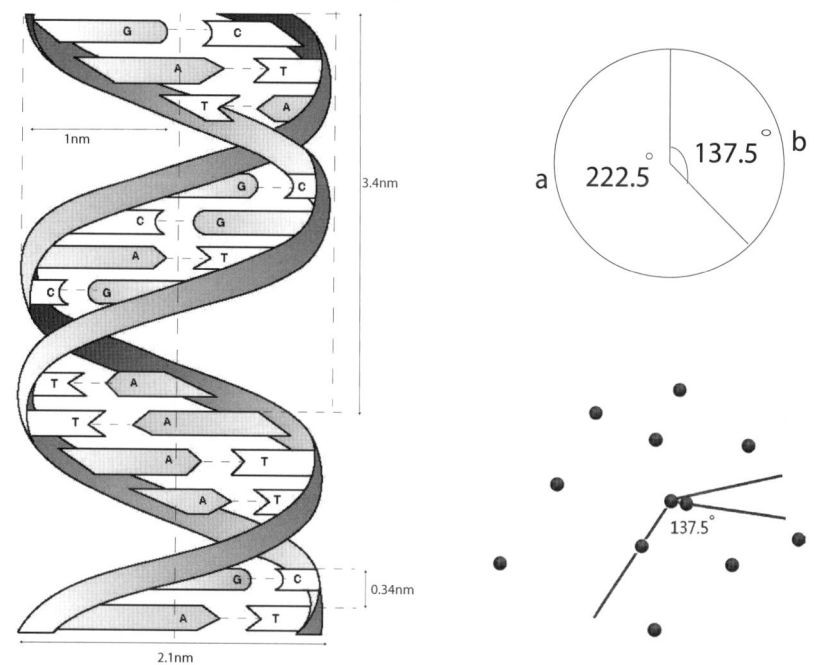

　DNA 유전자는 이중나선으로 되어 있는데, 나선의 한 주기는 가로가 약 34옹스트롬 (angstrom : 1000만분의 1mm)이고, 세로가 약 21옹스트롬입니다. 그런데 그 비율 $\frac{34}{21}$ = 1.6176은 황금비인 1.618에 거의 가깝습니다.

　해바라기 씨나 잎이 새로 자라 나오는 각도도 황금각입니다. 해바라기의 씨나 잎이 점점 자라가면서 만들어지는 나선의 발산각은 대체로 황금각인 137.5°(360°-222.5°)에 거의 가깝습니다. 즉 새로운 잎이나 씨앗이 항상 137.5°마다 붙는다는 것입니다. 만약 137.3° 또는 137.6°일 경우에는 빈틈이 발생하게 되고 오직 137.5°일 경우에만 빈틈없이 채워지게 됩니다. 이 137.5° 또는 반대쪽의 222.5°는 황금각입니다. 360°를 1.618(황금비)로 나누었을 때의 각도가 222.5°이기 때문입니다.

　앞에서 피보나치 수열의 예로 들었던 식물의 어긋나기 잎차례와 황금비와의 관계도 연결지을 수 있습니다.

어긋나기 잎차례에서 피보나치 수열이 나타났는데 그 이유도 바로 잎들이 나선 모양으로 날 때 황금 각도인 137.5°를 유지하며 나기 때문입니다. 이렇게 될 때 식물들은 태양빛을 가장 효율적으로 받게 된다고 합니다.

그 외에도 자연 속에서 드러나는 황금비는 수도 없이 많이 존재합니다. 황금비에 대한 수많은 전문서적이 있기에 이 곳에서는 더 열거할 필요가 없을 것 같습니다. 황금비를 통해 이 책에서 묻고 싶은 것은 이것입니다.

어떻게 황금비라는 수학이론이 자연계 곳곳에서 나타나는 걸까?

3. 황금나선과 자연 속 황금나선의 일치

1) 황금나선이라는 순수이론수학

나선의 종류에는 아르키메데스나선, 황금나선, 쌍곡나선 등이 있는데, 그 중 수학적으로 황금나선(대수나선)은 극좌표상의 한 점에서 그은 접선이 일정한 각도를 이루는 점들을 연결한 나선이며 피보나치 나선과 비슷한 형상입니다. 그렇기 때문에 다른 나선들과 달리 일정한 각을 가지고 같은 비율로 간격이 증가하는 나선이 됩니다. 그리고 어떤 점에서 접선을 그어도 그 각이 일정하게 유지된다는 특징 때문에 황금나선을 등각나선이라고도 부릅니다.

아래 그림은 O를 원점으로 하는 극좌표(r, θ)에 의한 방정식 $r=ke^{\theta}$를 이루는 나선을 말하며 다음 그림은 간격을 10°로 했을 때 그리는 황금나선입니다.

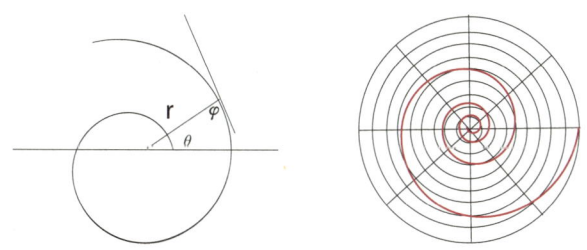

이렇게 황금나선에 대한 수학적 이론을 정립한 사람은 철학자이며 수학자인 데카르트(Renè Descartes, 1596~1650)라고 합니다(1638년).

황금나선은 앞에서 설명한 피보나치 수열과 황금비와도 밀접하게 연관이 있습니다. 황금 직사각형의 중점을 계속해서 이어나갈 때 무한히 회전하는 황금나선이 만들어집니다. 이것은 피보나치 수열에 따라 만들어진 면적(1, 1, 2, 3, 5, 8, 13, 21…)의 중심점을 이어나가는 것과 같습니다. 실제로 황금나선을 작도하는 법은 피보나치 수열에 따른 원의 반지름, 즉 1, 1, 2, 3, 5, 8, 13, 21, 34, 59에 해당하는 반지름으로 1/4원호를 그려나가면 됩니다.

데카르트
(Renè Descartes, 1596~1650)

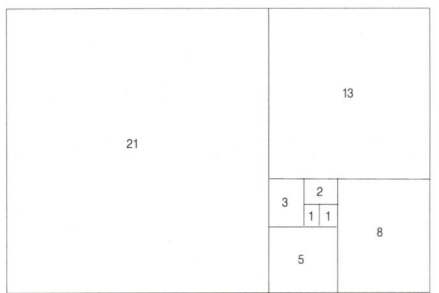
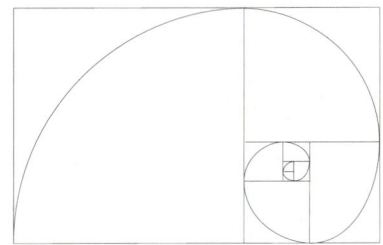

나선의 중심을 기준으로 작은 부분을 보나 전체를 보나 닮았다는 점에서는 황금나선은 프랙탈과도 관련 있습니다. 황금나선이 주목받는 이유가 바로 황금비, 피보나치 수열, 프랙탈 모두와 연관되어 있기 때문입니다. 아마도 우리가 보는 자연의 모습들은 황금분할을 통해 가장 효율적으로 이루어지고 있고, 그것은 자연으로 하여금 프랙탈화를 통해 자기 닮음성을 지닌 부분들을 만들어내며 황금각과 피보나치 수로 이뤄진 나선을 그리며 성장하게 되는 것 같습니다. 이 단순한 황금분할은 부분들을 전체와 이어 주며,

자연을 움직이는 동력의 역할을 하는 것처럼 보입니다(더 자세한 내용은 전문 서적을 참고하시기 바랍니다).

2) 자연 속 황금나선의 예

이렇게 $r=ke^\theta$이라는 극좌표 함수로 나타낼 수 있는 황금나선이 여지없이 자연에서 매우 다양한 모습으로 발견됩니다. 그래서 자연이 택한 나선은 아르키메데스 나선이 아니라 황금나선이었다고 말하기도 합니다. 피보나치 수열과 황금비가 자연에서 자주 나타나기 때문에 황금나선이 자연에서 자주 나타나는 것도 어쩌면 당연한 것인지도 모릅니다.

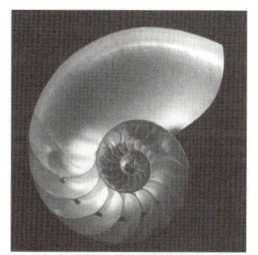

앵무조개와 같은 연체동물들은 접선과의 각도가 대략 80°~85° 정도인데, 이 정도의 각도일 때 납작하고 빈틈없이 잘 말린 모양으로 자라게 된다고 합니다. 앵무조개를 보면 껍질이 점차 커지면서 길이와 너비가 증가해도 그 비례는 변하지 않습니다.

해바라기 씨앗이 성장하여 자란 형태도, 소라 껍질이 자란 모양도 황금나선 형태입니다.

큰 뿔양은 접선과의 각도가 작고 나선의 안쪽과 바깥쪽의 성장 속도가 다름에 따라 나선의 틈이 벌어지면서 자란다고 합니다.

그리고 독수리나 매가 먹이를 쫓아 날아갈 때와 불나방이 등불을 향하여 나아갈 때도 황금나선을 이룬다고 합니다. 특히 송골매는 시속 330km의 최고 속도를 유지하면서도 자신의 먹이를 등각 나선을 따라 쫓아가는데 그 이유는 송골매의 눈이 머리를 기준으로 한쪽 방향에 있는 목표물을 볼 수 있는 각도가 40°이기 때문이라고 합니다.

이처럼 황금나선이라는 수학이 동물의 행동특성과 식물의 성장에까지 나타나고 있습니다. 황금나선을 통해서 하고자 하는 말은 이것입니다.

> 왜 데카르트에 의해서 지극히 수학적 논리에서 탄생한
> 황금나선(로그나선)이라는 순수수학이
> 어떻게 자연의 곳곳에서 이토록 똑같이 나타나는 것일까?

4. 프랙탈과 자연 속 프랙탈의 일치

1) 프랙탈이라는 순수이론수학

2,000년에 발표된 서태지의 앨범 〈울트라맨이야〉의 앨범 자켓과 빨갛게 염색한 아프리카 레게 스타일의 서태지 머리 모양은 프랙탈 도형이었다고 합니다. 프랙탈 수학이 등장한 지는 얼마 안 되었지만 자연에 대한 많은 것을 설명해 주고 있어서 음악, 예술 분야에서도 많은 응용이 이루어지고 있습니다.

프랙탈 수학이 등장한 배경은 다음과 같습니다. 아래 식은 프랙탈 함수입니다.

$$Z_{n+1} = Z_n^2 + c$$

이때 c의 값에 따라서 위 수열은 다른 양상을 나타냅니다. 즉 c=0.5일 때는 0에서 출발한 수열은 무한대를 향해 나아갑니다. 그러나 c=-0.5일 때는 진동하면서 -0.3660이라는 숫자에 수렴합니다. 0에서 시작한 수열이 무한하지 않게 해주는 모든 c값을 원소로 하는 집합이 만델브로 집합입니다. 그런데 이때의 z와 c값을 복소수까지 확장하면 이 경우에는 너무 복잡해서 도무지 손으로는 표현해 낼 수 없다고 합니다. 백 년 전에 앙리 푸앙카레나 아서 케일리 같은 수학자들도 어렴풋하게나마 프랙탈 집합에 대한 생각을 했었다고 하지만 그들에게는 이 문제를 더 깊이 파고들게 해줄 컴퓨터가 없었습니다.

브누아 만델브로
(Benoît Mandelbrot, 1924-2010)

브누아 만델브로(Benoît Mandelbrot, 1924-2010)는 1980년 3월, 뉴욕 요크타운 하이츠의 IBM 연구센터에 있는 최신 메인프레임 컴퓨터와 낡은 프린터를 이용하여 당시까지의 난제를 시각화할 수 있었습니다. 아래의 벌레같이 생긴 그림은 만델브로가 문제의 c값을 컴퓨터를 이용하여 구한 다음 화면에 그려보았을 때 나타난 모양입니다.

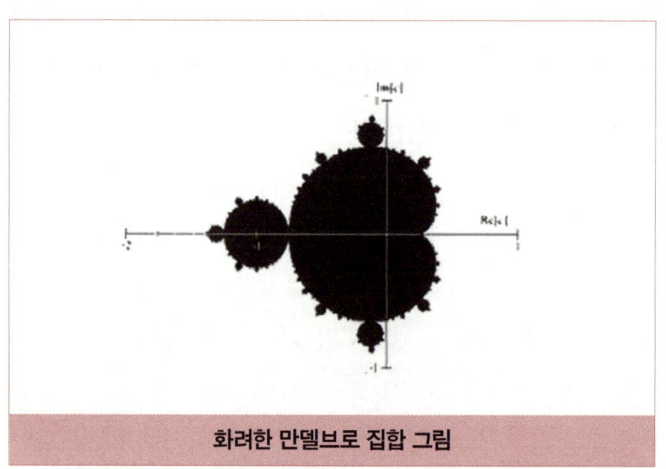

화려한 만델브로 집합 그림

$$M = \{c : z_{n+1} = z_n^2 + c, \lim |z_n| < \infty\}$$

그런데 만델브로의 위 그림은 묘하게도 부분이 전체와 닮은 구조를 가지고 있습니다. 이런 현상을 자기유사성(self-similarity)이라고 합니다. 그리고 부분이 전체의 모습을 갖는 무한단계로의 순환성(Recursiveness)을 갖는 기하적인 도형입니다. 이것이 프랙탈 도형의 특징입니다.

2) 자연 속 프랙탈의 예

이렇게 만델브로에 의해 순수수학적으로 출발한 프랙탈 이론은 자연계에서 수없이 많이 나타납니다.

꽃상추는 첫 수직가지에서 그 절반 길이의 두 개의 가지가 좌우 30도씩 벌어진 Y자형입니다. 꽃상추의 상춧잎 가장자리는 우글쭈글하게 주름져 있습니다. 줄기 부분에서 다시 그 우글쭈글한 구조를 볼 수 있고, 그 안에서도 역시 3-4회 정도 다시 반복되어 나타납니다(자기유사성, 무한 단계로의 순환성).

멀리서 나무의 모습을 보면 큰 줄기에서 가지가 뻗어나가는 모습을 하고 있는데, 가까이에서 나무를 들여다보면 그 가지는 다시 더 작은 가지로 뻗어가고 그 가지는 다시 더 작은 가지로 뻗어 가고 있음을 볼 수 있습니다. 즉 나무는 가까이에서 보는 형태가 멀리서 보이는 형태와 같습니다.

2장 왜 순수수학과 자연 속 수학의 일치가 일어나는 것일까? 61

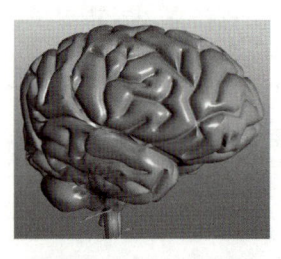

뇌에 있는 커다란 주름을 자세히 들여다보면 다시 더 작은 주름이 계속 반복됩니다. 뇌의 표면에 있는 커다란 주름에 다시 작은 주름들이 계속되어 뻗어 나갑니다. 이런 뇌의 주름의 패턴은 여러 주름이 자기닮음의 형식으로 뻗어나간다는 점에서 프랙탈의 형식을 띄고 있습니다.

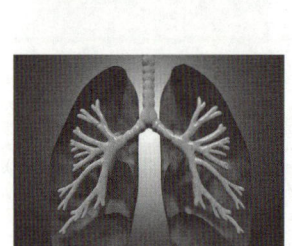

허파와 같은 기관은 단순히 확산만으로 몸속 세포에게 산소를 공급해야 한다면 지상에 1mm가 넘는 동물은 존재하지 않을 것입니다. 표면적을 최대한 넓히기 위해 허파는 기관지 끝이 갈라지는 과정이 반복돼 끝부분에 허파꽈리가 분포한 구조가 됩니다. 수학의 관점에서 보면 프랙탈 구조에 가깝습니다. 2008년에는 '허파 프랙탈 패턴 형성 비밀 찾았다'라는 기사가 발표되기도 했습니다(동아 사이언스 신문 기사).

프랙탈은 분자부터 천문학적 단위까지 모든 척도의 자연계의 현상에서 나타납니다. 우주의 모든 것이 결국은 프랙탈 구조로 되어 있는 것처럼 보입니다. 결국, 프랙탈은 자연이 가지는 기본적인 구조라고 여겨지고 있습니다(프랙탈에 대한 더 자세한 설명은 관련 서적을 참고하시기 바랍니다.).

프랙탈이라는 수학이론을 통해서도 이 책에서 말하고자 하는 것은 이것입니다.

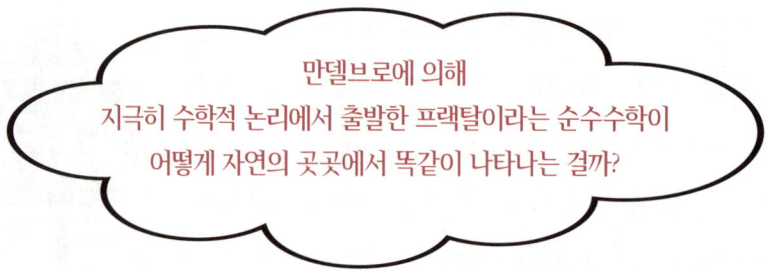

만델브로에 의해
지극히 수학적 논리에서 출발한 프랙탈이라는 순수수학이
어떻게 자연의 곳곳에서 똑같이 나타나는 걸까?

5. 로그log와 인간의 감각 시스템과의 일치

1) 로그라는 순수이론수학

고등학교에 들어가면 새롭게 로그(logarithm : 대수)에 대해서 배웁니다. 그리고 로그를 이용한 로그함수와 그 역함수 관계에 있는 지수함수도 배웁니다.

$$b = \log_a N$$

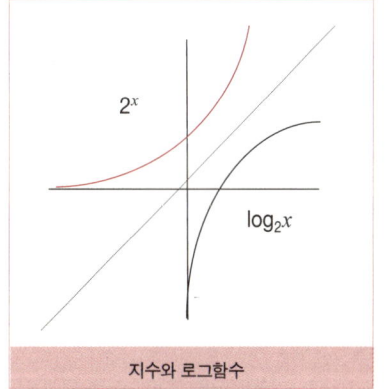

지수와 로그함수

로그는 1614년에 존 네이피어(John Napier, 1550-1617)라는 사람이 단순히 큰 수의 계산을 빠르게 하기 위해 개발한 수학이론에 불과했습니다. 로그의 발견 과정은 다음과 같습니다.

16세기 후반 최고의 천문학자 티코 브라헤(Tycho Brahe, 1546-1601)는 수학을 잘 했고 특히 '삼각함수의

존 네이피어(John Napier, 1550-1617)

합차 공식을 이용한 빠른 곱셈법에 능통했다고 합니다. 그가 이용한 삼각함수의 합차 공식이란 다음과 같은 것들입니다.

$$\cos A \times \cos B = \frac{1}{2}(\cos(A+B) + \cos(A-B))$$

이런 삼각함수 식과 코사인 함수표를 이용하면 덧셈과 뺄셈만으로 곱셈을 비교적 쉽게 할 수 있었습니다.

그런데 네이피어가 봤을 때 삼각함수 연산법은 너무 크거나 작은 수에 대해서는 결과가 부정확해지며 삼각함수를 이용해 나눗셈과 지수연산을 하기도 너무 불편했습니다. 그래서 네이피어는 이십여 년간의 연구를 통해 '로그(logarithm)'를 발견하고 1614년 '로그의 놀라운 규칙'을 통해 발표했습니다. 이것이 로그가 탄생한 배경입니다.

한마디로 로그는 큰 수나 작은 수의 연산에 있어서 일종의 손쉬운 계산 도구였습니다. 로그의 특징은 곱셈과 나눗셈을 좀더 손쉬운 연산인 덧셈과 뺄셈으로 바꿀 수 있다는 데 있었습니다.

$$\log_a MN = \log_a M + \log_a N$$

$$\log_a \frac{M}{N} = \log_a M - \log_a N$$

그래서 17세기 초 로그가 처음 등장했을 때 로그는 유럽 전체에서, 특히 많은 계산을 해야 하는 천문학에서 열광적인 환영을 받았다고 합니다. 오죽했으면 천문학자 라플라스(Pierre Simon Marquis de Laplace, 1749-1827)는 "로그는 천문학의 작업량을 줄임으로써 천문학자의 수명을 두 배로 만들었다."는 말을 했겠습니까?

2) 자연 속 로그(log)의 예

큰 수를 쉽게 다루기 위해 만들었다는 로그(log)의 기원에서도 알 수 있듯이 분명 로그라는 수학은 인간의 계산적 편의를 위한 것입니다. 그런데 로그도 마찬가지로 자연의 여기저기에서 모습을 드러냅니다. 대표적인 예가 인간의 청각 시스템과 시각 시스템입니다.

① 청각 시스템과 로그

혹시 '데시벨'이라는 용어를 들어본 적이 있나요? 아마 중학생 정도만 되어도 소리의 세기의 단위가 '데시벨'이라는 것을 알고 있을 것입니다. 그리고 고등학교 과학 시간에는 소리의 세기(데시벨)의 공식을 배웁니다. 그런데 그 공식에 로그가 들어갑니다.

$$dB = 10\log\left(\frac{I}{I_0}\right)$$

실제로 이 식은 가장 작은 소리의 세기(0dB)에 대한 비교식입니다. 즉 가장 작은 소리(I_0)의 세기를 0dB라 할 때 어떤 소리는 몇 데시벨(dB)에 해당하는 지에 대한 식입니다. 그러므로 일반적으로는 소리의 세기의 차이($dB_1 - dB_2$)를 써서 다음과 같이 표시합니다.

$$dB_1 - dB_2 = 10\log\left(\frac{I_2}{I_1}\right)$$

그런데 왜 소리의 세기를 나타내는 식에 로그가 들어갈까요? 소리를 듣는 것과 로그가 무슨 연관이 있는 것일까요?

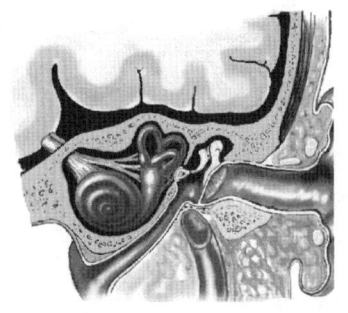
　　소리의 세기(데시벨)의 식에 로그가 들어간 이유는 바로 우리 몸의 귓속에 있는 달팽이관이 로그라는 간격을 사용하고 있기 때문입니다. 더 밝혀지지 않아서 그렇지 청각 시스템과 연관된 많은 부분이 로그라는 체계를 사용하고 있는 것으로 보입니다.[4]

　　이것을 자세히 설명하면 다음과 같습니다.

귓속 달팽이관은 나선 형태로 되어 있고 그 길이는 대략 3.2cm 정도 된다고 합니다.

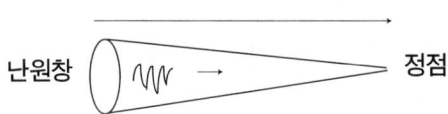

　　달팽이관의 주요 역할은 소리의 진동수를 분배하는 것입니다. 즉 달팽이관의 각 지점은 특정 진동수만을 흡수하여 공명을 일으키는 역할을 합니다. 소리의 공명이 일어나는 위치를 조사해 보면 입구 부분인 난원창에서는 20kHz의 고음 부분, 마지막 정점 부분에서는 20Hz의 저음부분을 감지합니다. 그래서 사람이 들을 수 있는 가청 주파수의 범위가 20~20,000Hz인 것입니다. 달팽이관의 길이가 3.2cm이므로 당연히 등 간격으로 나눌 경우에 1.6μm의 길이가 1Hz에 해당하는 음높이 감도를 갖게 되는 것으로 추측할 수 있습니다.

$$\frac{3.2cm}{19,980Hz} = 0.0016mm/Hz = 1.6\mu m/Hz$$

　　그러나 실제로는 입구쪽에서 정점까지의 주파수 감지는 등 간격으로 이루어지지 않고 로그(log) 간격으로 이루어져 있다는 것입니다. 예를 들어 진동수가 25Hz일 때는 난

---

4) 프랑스의 푸리에(François Marie Charles Fourier, 1768-1830)의 이론에 따르면 모든 주기적인 현상은 sin이나 cos 등 삼각함수의 합으로 나타낼 수 있다고 했는 데 이미 우리의 귀는 그러한 푸리에 해석을 통해 자연의 모든 주기적인 소리를 해독해 내고 있습니다.

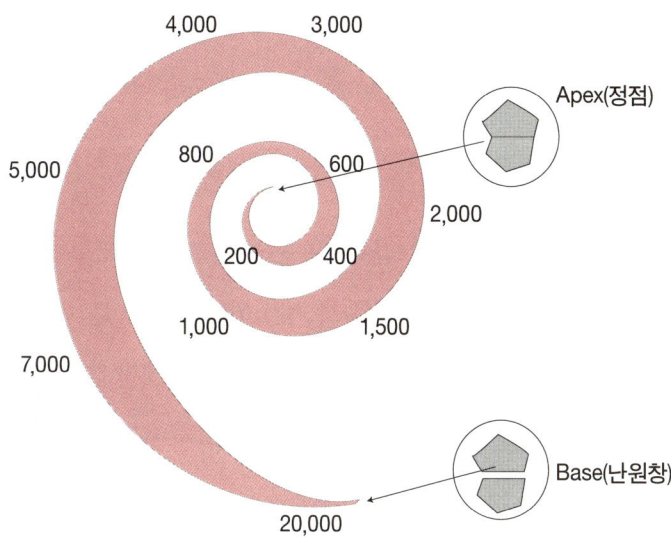

원창에서 3.2cm 떨어진 정점 부근에서 최대 진폭(기저막의 가장 큰 상하 운동)을 나타내며, 1,600Hz일 때는 난원창에서 1.9cm 떨어진 지점에서 최대 진폭을 일으킵니다. 이렇게 귓속 달팽이관의 구조가 로그 간격으로 이루어져 있기 때문에 소리의 세기의 단위인 dB(데시벨)이 로그식으로 표현되는 것입니다.

$$dB_1 - dB_2 = 10\log(\frac{I_2}{I_1})$$

$$50dB - 20dB = 30dB = 10\log(\frac{1000,000I_0}{1,000I_0})$$

데시벨의 공식에 따라 소리(자극)의 세기를 구해 보면, 10dB의 소리의 세기란 사람이 들을 수 있는 가장 작은 소리인 I_0에 비하여 10배 정도 큰 소리를 말하고, 20dB의 소리의 세기란 I_0에 비하여 100배의 소리의 세기를 말합니다. 똑같은 원리로 20dB의 소리와 50dB의 소리의 세기 차이는 1,000배입니다.

그러므로 $dB_1 - dB_2 = 10\log(\frac{I_2}{I_1})$ 라는 식을 풀어쓰면 다음과 같습니다.

소리의 세기가 I_1과 I_2인 두 소리가 있다면,
사람의 귀는 그 세기의 차이(dB_1-dB_2)를
$\log(\frac{I_2}{I_1})$에 비례하여 지각합니다.

즉 인간이 느끼는 소리의 시끄러운 정도는 소리 크기의 로그(log)값과 비례한다는 것입니다. 단순히 큰수의 계산을 편리하게 하기 위해 개발한 로그(log)였는데 알고보니 이미 물리적 실체인 귀의 달팽이관이 신호를 받아들이는 체계에 사용되고 있었습니다.

> 단순히 큰 수의 계산을 편리하게 하기 위해 개발한 로그 체계였는데
> 어떻게 사람의 청각 시스템은 로그를 사용하고 있었던 것일까?

② 시각 시스템과 로그

청각과 마찬가지로 사람의 시각에서도 로그가 나옵니다. 중학교 과학에서 1등급 별과 6등급 별에 대해서 들어본 적이 있을 것입니다. 그리고 고등학교에서는 별의 등급과 밝기에 대한 관계식으로 다음과 같은 포그슨의 방정식이 등장합니다.

$$m_1 - m_2 = 2.5\log(\frac{L_2}{L_1})$$

포그슨의 방정식이 등장한 역사는 다음과 같습니다.

먼저 별의 등급 체계라는 것은 기원전 150년경 그리스의 천문학자인 히파르코스

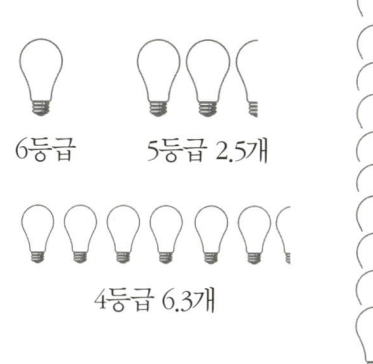
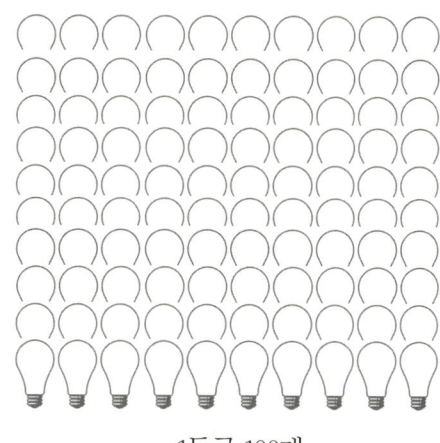

6등급　　5등급 2.5개

4등급 6.3개

1등급 100개

히파르코스
(Hipparchos, BC 190~120년경)

(Hipparchos, BC 190~120년경)가 도입했습니다. 그는 육안으로 약 1,000여 개의 별들을 그 별의 밝기에 따라 6개의 등급으로 분류했는데, 가장 밝은 별들을 1등급, 육안으로 겨우 식별이 가능한 별들을 6등급, 그리고 그 중간의 밝기를 갖는 별들을 1등급과 6등급 사이에서 내분하였습니다.

그런데 1,800여 년이 지나서 래드클리프 천문대의 영국의 천문학자 N. R. 포그슨은 1856년 망원경을 이용하여 한 별에 의한 빛의 영향력이 완전히 없어지는 구경의 면적을 비교하여 별들의 밝기 차이를 결정하였습니다.[5] 그리고 이 식을 근거로 히파르코스가 측정한 별의 밝기를 다시 실제적으로 측량하였고, 이때 1등성의 밝기가 6등성 밝기의 100배가 된다는 사실을 밝혀냈습니다. 당연히 한 등급의 밝기 차이는 $100^{1/5}=10^{2/5}=2.512$배가 됩니다. 그렇다면 두 별의

---

[5] 즉 별의 등급(m)과 별빛의 영향력이 완전히 없어지는 구경의 크기(a)는 $m\ 5\log a+9\ 2$와 같은 관계식을 가지고 있음을 처음으로 유도하였습니다. 이때 별빛의 밝기(I)는 구경의 크기의 제곱(a^2)에 비례하고 별빛이 어두울수록 등급은 커지기 때문에, 별의 등급과 밝기는 $m = -2.5 \log I+C$(상수)와 같은 관계식을 갖습니다. 이 관계식을 포그슨의 공식이라고 합니다(출처 : 포그슨의 공식, 두산백과).

2장 왜 순수수학과 자연 속 수학의 일치가 일어나는 것일까? 69

등급을 m_1, m_2라 하고 그 별의 밝기를 각각 L_1, L_2라 하면 다음과 같은 식이 성립합니다.

$$\frac{L_1}{L_2} = (10^{\frac{2}{5}})^{m_1 - m_2}$$

$$m_1 - m_2 = -2.5\log(\frac{L_1}{L_2}) = 2.5\log(\frac{L_2}{L_1})$$

이 공식을 포그슨의 방정식이라 합니다. 포그슨의 방정식은 히파르코스가 측정했던 별의 등급 체계를 수식화한 것과 같습니다.

그런데 포그슨이 망원경으로 구했던 별의 등급 체계 또는 히파르코스가 육안으로 구했던 별의 등급 체계가 로그 형태로 나타나는 이유는 무엇일까요? 그것은 청각에서 소리의 세기 dB(데시벨)이 로그로 나타났던 이유와 똑같은 원리입니다.

즉 밝기가 L_1과 L_2인 두 광원이 있다면,
사람의 눈은 그 밝기의 차이를
$\log(\frac{L_2}{L_1})$에 비례하여 지각하기 때문입니다.

단순히 산수계산을 편리하게 하기 위해 개발한 로그(log)였는데 알고 보니 이미 물리적 실체인 눈(시각)이 신호를 받아들이는 체계에 사용되고 있었습니다.

> 단순히 큰 수의 계산을 편리하게 하기 위해 개발한 로그 체계였는데 어떻게 사람의 시각 시스템은 로그를 사용하고 있었던 것일까?

③ 인간의 감각 시스템과 로그

그런데 19세기에 베버(Emst Heinrich Weber, 1795-1878)와 페흐너(Gustay Thedor Fechner, 1801-1887)에 의해 사람의 감각기관(청각, 시각, 압각, 후각, 미각 등)은 대부분 외부의 자극에 대하여 로그 간격으로 반응하고 있다는 것이 밝혀졌습니다. 즉 우리의 감각기관은 처음에 받고 있는 자극이 강하면 반응의 변화를 일으키기 위해 더 큰 자극을 추가해야 하는데, 이 때 감각량(R)과 자극량(S) 사이에는 로그함수의 관계가 있다는 것입니다.

베버-페흐너 법칙

$$R = k\log(\frac{S}{S_0})$$

(이때, S_0는 감각의 세기가 0이 되는 자극의 세기)
[감각의 세기 R, 자극의 세기 S, 처음 자극의 세기 S_0]

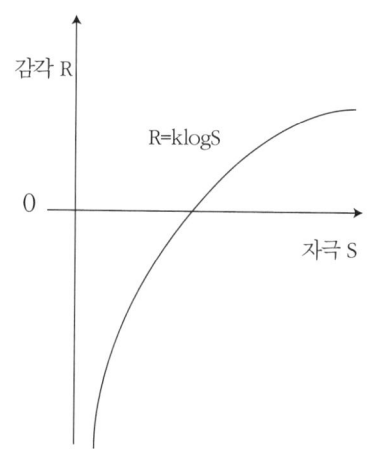

그렇다면 인간의 청각 체계와 시각 체계가 왜 로그적으로 나타나는지도 설명할 수 있을 것입니다.

소리의 세기 dB(데시벨)의 식에서 감각의 세기(R)에 해당하는 것이 dB(데시벨)이고 자극의 세기(S)에 해당하는 것이 I입니다.

$$dB_1 - dB_2 = 10\log(\frac{I_2}{I_1})$$

그리고 별의 등급에 대한 포그슨의 방정식에서도 감각의 세기(R)에 해당하는 것이 별의 등급 m이고 자극의 세기(S)에 해당하는 것이 별의 밝기 L입니다.

$$m_1 - m_2 = 2.5\log(\frac{L_2}{L_1})$$

결국 소리의 세기를 나타내는 데시벨(dB) 공식과 별의 밝기와 등급에 관한 포그슨의 방정식은, 인간의 감각은 자극 강도의 로그에 비례한다는 베버-페흐너 법칙의 한 예입니다.

베버-페흐너의 법칙과 인간 감각의 로그 체계와의 관련성에 대해서는 [부록2]에 더 자세히 소개해 놓았습니다.

3) 실생활 속 로그의 구분

고등학교 수학 시간에 로그의 실생활에서의 활용에 대한 예를 가르치면서 dB(데시벨), 별의 등급과 관련된 포그슨의 방정식과 더불어 지진의 규모(M) M=log10A(=logA)나 pH농도 pH=-log[H⁺], 엔트로피를 예로 들었을 것입니다.

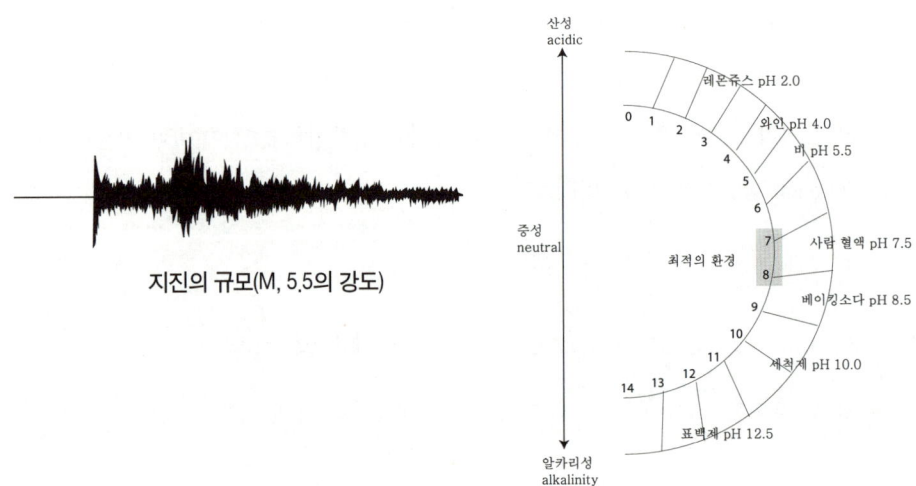

지진의 규모(M, 5.5의 강도)

그러나 지진의 규모(M)과 pH 농도, 엔트로피의 식이 로그식의 형태로 유도된 원리는 dB(데시벨)과 포그슨 방정식에서 로그 함수로 나타나는 것과 원리적으로 같지 않습니다. 즉 이러한 것들이 로그 함수로 표현되는 것은 인간의 감각 체계와는 무관하다는 것입니다.

로그 스케일은 천문단위 같은 큰 수뿐만 아니라 μm같은 극히 작은 수를 표현할 때도 사용되는데, 지진계의 규모(M)와 pH 농도, 엔트로피에서 나타나는 로그 간격은 인간이 작은 수 표현의 편리성을 위해 로그를 취한 것이라고 할 수 있습니다(이에 대한 자세한 내용도 [부록2]에 실어놓았습니다.).

로그를 통해서 하고자 하는 이야기는 이것입니다.

> 단순히 큰 수의 계산을 편리하게 하기 위해 개발한 로그 체계였는데
> 어떻게 사람의 감각 시스템은 로그를 사용하고 있었던 것일까?

6. 허수와 양자역학적 물리세계와의 일치

1) 허수라는 순수이론수학

'제곱하면 음수가 되는 수', 이 수가 바로 '허수(i)'입니다. '허수'는 말 그대로 'imaginary number', 즉 '상상의 수'를 의미합니다.

상상의 수 허수(i)가 수학으로 인정받기까지의 과정은 그야말로 순탄하지 않았습니다. 3세기 후반 알렉산드리아에서 활약했던 그리스의 수학자 디오판토스(Diophantos of Alexandria)가 이미 이차방정식의 해법에 대하여 알고 있었으나 그는 양수근 외의 근은 모두 무시하였다고 합니다.

카르다노
(Gerolamo Cardano, 1501-1576)

맨 처음 허수의 개념을 도입한 사람은 이탈리아의 수학자 카르다노(Gerolamo Cardano, 1501-1576)라고 합니다. 그는 x(10-x)=40을 성립시키는 x를 구하는 문제를 통해 음수의 제곱근을 처음 발표했다고 합니다. 그러나 카르다노 역시 '이런 식은 허의 가상 아래서 풀었다. 이것은 궤변적이며 수학을 이 정도까지 정밀하게 하더라도 실용적으로 사용할 방법은 없다.'고 단서를 붙이며 허수에 수의 지위를 부여하지 않았습니다.

카르다노와 같은 시대에 살았던 봄벨리(Sebastiano Bombelli, 1637-1716)도 역시 3차 방정식의 근으로부터 복소수(a+bi의 형태)의 존재를 확인하고 복소수의 연산을 현대적인 방법으로 정립하였지만 그도 역시 복소수란 단지 기교적이고 쓸모없는 것으로 간주하였습니다.

데카르트 또한 실수는 실제로 있는 수로 생각한 반면에 허수는 가상의 수라고 하고 별로 의미를 부여하지 않았습니다. 근대의 유명한 수학자 오일러(Leonhard Euler, 1707-1783)가 1770년에 출판한 『대수학(Elements of algebra)』이라는 책에서 표명한 그의 허수에 대한 견해도 마찬가지였습니다.

$\sqrt{-1}$ 이나 $\sqrt{-2}$ 와 같은 수는 모두 있을 수 없는 수입니다. 그것은 0보다 크지도 작지도 않은 수입니다. 따라서 필연적으로 이런 수는 실제로 존재하지 않는 수라고 명백하게 단언할 수 있습니다.

가우스
(C.F.Gauss, 1777-1855)

수학 체계의 완성을 위해서는 허수의 존재를 인정해야 한다.

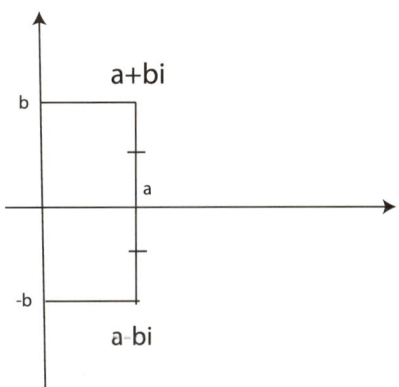

상상의 수에 불과했던 허수에 '수의 지위'를 부여한 것은 허수를 시각적으로 다루는 방법을 제시한 19세기 '수학의 왕' 가우스(K.F.Gauss, 1777~1855)에 이르러서입니다. 가우스는 $a+bi$(단, a, b는 실수)라는 복소수를 시각화하기 위해 좌표평면의 가로축을 실수축, 세로축을 허수축이라고 명명하고 $a+bi$를 (a, b)형태의 좌표로 나타내었습니다.

가우스 시대의 수학자들이 허수를 인정할 수밖에 없었던 이유는 수학체계의 완전성과 관련 있었다고 합니다. 분명히 $x^2+5=0$에 대한 해가 나오므로 수학자들은 수학 체계의 완전성을 포기할 수 없었기 때문에 새로운 수의 개념으로서 허수 i를 받아들일 수밖에 없었습니다.

이렇게 온갖 우여곡절을 거쳐 수의 지위를 인정받은 허수였는데, 이제 '허수' 없이는 수학의 어떤 분야의 연구도 불가능할 만큼 허수와 관련된 수학은 고도의 발달을 하였습니다.

2) 자연 속 허수, 양자역학의 물리세계

수학자들에게 있어서도 상상의 수라고 불렸고, 순전히 수학적으로만 정의되었던 허수가 물리학을 통해서 자연 현상과 깊이 연관되어 있는 것으로 밝혀졌습니다. 그것은 양자역학이 도입될 때였습니다.

슈뢰딩거(Erwin Schrödiger, 1887-1961)

20세기 초, 빛의 입자성과 파동성이 동시에 나타나는 물리적 현상에 대한 혼란의 와중에 오스트리아의 물리학자 슈뢰딩거(Erwin Schrödiger, 1887- 1961)가 입자에 관한 물리 방정식과 파동에 대한 물리 방정식의 통합을 시도하여 양자역학 방정식을 발표했습니다. 그런데 그의 양자역학 방정식에는 반드시 허수의 개념이 필요하게 되었습니다(참고 : 뉴턴 하이라이트 /뉴턴 코리아).

$$i\hbar \frac{\partial}{\partial t}\Psi = -\frac{\hbar^2}{2m}\nabla^2\Psi + V\Psi$$

양자역학이란 원자나 전자의 움직임 등 눈에 보이지 않는 미시 세계의 현상을 지배하는 법칙을 말합니다. 현대의 물리학은 모두 양자역학이라는 토대 위에 세워져 있다고 해도 과언이 아닐 정도로 양자역학은 미시 세계의 현상을 묘사할 수 있는 거의 유일한 물리이론입니다. 예를 들어 "전자는 원자핵에서 어느 정도의 거리에 존재하는가?"를 알기 원한다면 슈뢰딩거의 방정식을 이용해 답(전자의 소재지에 대한 '확률분포')을 구하게 됩니다. 그리고 그 계산에는 필연적으로 허수나 복소수가 포함되어 있습니다.

양자역학은 종종 직관에 어긋난다는 비판을 받곤 했지만 상상을 초월하는 정확성을 가진 예측을 합니다. 그래서 다이오드와 트랜지스터로 명명되는 반도체 전자공학은 양자역학이라는 물리학을 통해 형성되었습니다. 수학자들의 상상 속에서만 존재한다고 믿었던 허수라는 수학 개념은 실제 물리세계를 나타내는 개념이었던 것입니다. 현대 물리학의 양대 산맥 중의 하나인 양자역학은 허수와 복소수의 존재를 전제로 해서 성립합니다.

허수와 양자역학의 세계와의 관련성을 통해 말하고자 하는 바는 이것입니다.

> 수학자들도 상상의 수라고 불렀던 허수라는 개념이 어떻게 양자역학이라는 미시적인 물리세계를 설명하는 데 사용될 수 있었던 것일까?

2장 왜 순수수학과 자연 속 수학의 일치가 일어나는 것일까? 77

7. 리만 기하학과 실제로 휘어진 우주 공간과의 일치

1) 리만의 구면 기하학이라는 순수이론수학

리만(Georg Friedrich Bernhard Riemann, 1826~1866)

1854년 리만(Georg Friedrich Bernhard Riemann, 1826~1866)은 당시 알려진 유클리드 평면 기하학과는 다른 비유클리드 기하학, 즉 '휜 공간의 지름길'에 관한 기하학을 논문으로 발표했습니다(1850년 대). 리만 기하학은 아인슈타인조차도 이해하는 데 어려움을 겪은 아주 복잡한 기하학입니다.

리만의 기하학에 대한 자세한 내용은 그에 대한 참고 서적을 참고하기 바랍니다.

2) 자연 속 리만의 구면 기하학

아인슈타인 이전의 3,000여 년 동안 공간이란 전혀 휘어지지 않은 평평한 유클리드

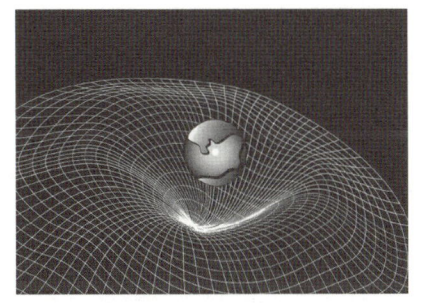
공간이라고 믿어져 왔었습니다. 그런데 리만에 의해 순전히 논리적 추론에 의해 탄생한 리만의 구면기하학이 훗날 아인슈타인에 의해서 휘어진 우주 공간을 설명하는 기초 이론이 되었습니다.

아인슈타인이 상대성이론을 발견하기까지 가장 어려웠던 부분이 '리만의 구면 기하학'을 이해하는 것이었다고 합니다. 아인슈타인이 이 기하학을 이해하지 못해 상대성이론 정립에 어려움을 겪고 있던 때에 그의 지인이었던 민코프스키(Hermann Minkowski, 1864-1909)라는 수학자가 리만 기하학을 설명해 주었다고 합니다. 그리고 아인슈타인은 1916년 일반상대성이론을 발표합니다.

우주는 비유클리드 기하학인 리만 기하학에 의해서만
분석 가능한 휜 공간입니다.

아인슈타인의 일반상대성이론에 의하면 우리가 사는 우주 공간은 중력에 의해 휘어져 있으며, 거대한 물체에 가까이 갈수록 곡률의 각도도 커진다고 합니다.

1919년 영국의 에딩턴(Arthur Stanley Eddington, 1882-1944)이 이끄는 영국의 탐사팀이 개

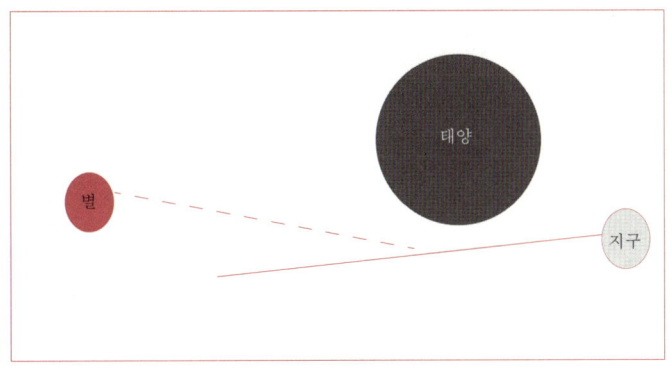

기 일식이 일어날 때 태양 근처를 지나오는 별빛을 관측하여(태양 근처에 있는 별빛은 밤에 관측할 수 없기 때문에) 그 별빛이 태양 근처를 지나오지 않을 때(예컨대 6개월 뒤 지구가 태양의 반대편에 위치할 때)와 비교해 휘어졌다는 것이 증명되었을 때 일반상대성이론은 확증되었습니다. 실제로 우주 공간은 리만의 구면 기하학과 같이 휘어진 공간이었던 것입니다.

이 발견은 '허상(虛像)'이라고 생각하던 구면기하학이라는 기하학의 한 분야가 바로 우리가 사는 세계를 다루고 있다는 사실이 실제로 확인된 순간이었습니다. 리만의 구면 기하학이라는 순수이론수학은 어떠한 실용적 목적을 가지고 연구되지 않았지만, 곧 실제 물리적 세계와 연관을 갖고 있는 것으로 밝혀졌던 것입니다.

리만의 구면 기하학을 통해서도 말하고자 하는 바는 이것입니다.

> 어떻게 지극히 순수수학적 논리에서 출발한
> 리만의 구면 기하학이라는 수학적 이론이,
> 여지없이 우주 공간이라는 물리적인 개념과 맞아 떨어졌던 것일까?

8. 매듭이론과
DNA 매듭 풀기와의 일치

1) 매듭이론이라는 순수이론수학

　아마도 수학에 관심을 가지고 있는 사람들을 제외하고는 매듭이론(knot theory)에 대해서 들어본 사람은 거의 없을 것입니다. 그러나 결코 이 책은 매듭이론을 장황하게 설명할 의도는 없습니다. 단지 자연 속에서 매듭이론이라는 수학이론이 나타난다는 것만을 알려 주고 싶을 뿐입니다.

　매듭이론은 한마디로 매듭을 묶는 방법을 조사한 추상적 수학이론입니다. 매듭이론을 학문으로 시작하게 된 동기는 1867년 영국의 켈빈경(William Thomson, 1st Baron Kelvin, OM. GCVO, 1824~1907, 원래의 이름은 윌리엄 톰슨)이 원자론을 펴면서, "원자들은 공기 중에 매듭으로 존재한다."고 주장하면서부터라고 합니다. 나중에 켈빈의 매듭 원자론은 틀린 원자론으로 판명났는데, 이후 매듭을 묶는 방법에 대한 것은 순수하게 수학이론으로 발전하게 됩니다.

　다음 그림은 교차점의 수에 따라 매듭을 중복 없이 나열한 것의 일부분입니다

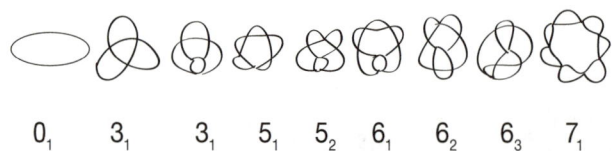

0_1 3_1 3_1 5_1 5_2 6_1 6_2 6_3 7_1

2) DNA 속 매듭이론

    그런데 자연 속에서도 매우 복잡한 매듭이 있었습니다. 바로 DNA라는 매듭입니다. 중학교 때 DNA 속에 염색사라고 하는 것이 있다는 것을 배웠을 것입니다. 이중나선으로 되어 있는 DNA는 핵 속에서 거의 대부분 염색사의 형태로 존재하며 전화 수화기 선처럼 꼬여 있습니다.

    그러나 DNA가 복제가 일어날 때에는 꼬여 있는 DNA를 풀어야 합니다. 그런데 이렇게 복잡하게 꼬여 있는 DNA가 잘 풀릴 수 있도록 잘라서 이어 주는 역할을 하는 효소가 있다고 합니다. 그것은 토포이소머라제 1과 2라는 효소입니다. 그 효소들은 최적 지점을 선택하여 복잡하게 꼬인 이중나선의 적당한 부분을 끊고 복제가 끝난 후에는 다시 잇는 역할을 수행한다고 합니다.

토포이소모라제 1(위)과 2(아래) 효소가 DNA 매듭을 푸는 과정

그런데 바로 위의 효소들이 DNA의 적당한 부분을 끊고 다시 잇는 과정이 수학자 존 호튼 콘웨이(John Horton Conway, 1937~)가 매듭을 수학적으로 풀기 위해 도입한 뒤집기, 다듬기와 같은 조작과 정확히 일치하는 것이었다고 합니다. 이후부터 매듭이론은 생물학의 DNA 구조를 푸는 열쇠로서 활발히 연구되고 있습니다. 한마디로 말하면 DNA 구조 안에는 매듭이론이라는 수학의 일부가 들어 있었던 것입니다.

생소하고 복잡한 최신 수학이론인 매듭이론을 말하면서까지 하고자 하는 이야기는 바로 이것입니다.

> 순전히 수학적으로만 규명되었던 매듭을 푸는 이론이 어떻게 DNA라는 물리적 실체 속에 이미 내재되어 있었을까?

9. 2차곡선과 물체의 운동과의 일치

1) 2차곡선이라는 순수이론수학

    2차곡선(원뿔곡선)은 고대 그리스의 메나에크무스(Menaechmi, BC 350년), 아폴로니우스(Apollonius, BC 200년)가 연구한 순수수학이론으로, 원뿔을 그 꼭짓점을 지나지 않는 평면으로 잘랐을 때 생기는 단면의 평면 곡선의 총칭으로 원, 포물선, 타원, 쌍곡선을 말합

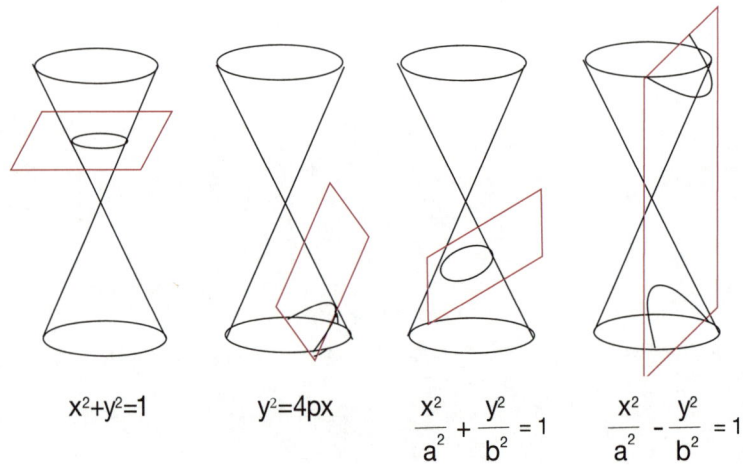

$x^2+y^2=1$ $y^2=4px$ $\dfrac{x^2}{a^2}+\dfrac{y^2}{b^2}=1$ $\dfrac{x^2}{a^2}-\dfrac{y^2}{b^2}=1$

니다. 원뿔의 축에 대한 평면의 기울기가 모선의 기울기에 비하여 큰가, 작은가, 같은가에 따라서 각각 쌍곡선, 타원, 포물선이 됩니다.

17세기 데카르트가 발명한 좌표가 생겨난 이후 원이나 타원, 포물선 같은 도형을 방정식으로 표현할 수 있게 되었습니다. 즉 도형과 방정식이 똑같은 의미를 가지게 된 것입니다. 위의 2차곡선들의 방정식은 모두 다음과 같은 2차 방정식 $Ax^2+By^2+Cx+Dy+E=0$ 으로 표현할 수 있습니다. 파스칼도 16세 때 '원뿔곡선론'(1639)을 썼을 정도로 원뿔곡선은 수학자들에게 중요한 연구 대상이었습니다.

2) 자연 속 2차곡선

오랫동안 태양 주위를 도는 행성들의 운동은 원운동이라고 생각해 왔습니다. 그리고 실제로도 거의 원운동(미세하게 타원 운동)을 하고 있습니다. 줄을 매달아 돌리면 원운동을 하므로 원운동은 일상생활 속에서 흔히 볼 수 있습니다. 그러나 원을 제외한 포물선이나 타원이나 쌍곡선은 자연계에서 흔하게 발견되는 곡선이 아니라 수학적으로만 존재하는 대상들이었습니다.

그러나 수학적으로만 존재해 왔던 포물선, 타원, 쌍곡선이 오랜 세월이 지나서 자연계 안에서 자주 나타나는 것이 밝혀졌습니다. 포물선 운동의 경우는 중력($F=mg$)과 같이 수직한 방향으로 일정한 힘이 작용하는 상황에서 물체를 수평방향으로 던졌을 때 나타납니다. 물체를 수평방향으로 던졌을 때 물체의 운동이 포물선인 것이 밝혀진 것은 16세기에 갈릴레이가 등장한 이후부터라고 할 수 있습니다. 즉 지표면에서 일정한 방향으로 힘(훗날 중력)이 작용한다는 것을 간파했을 때에야 그 운동의 궤적이 포물선임을 생각할 수 있었습니다.

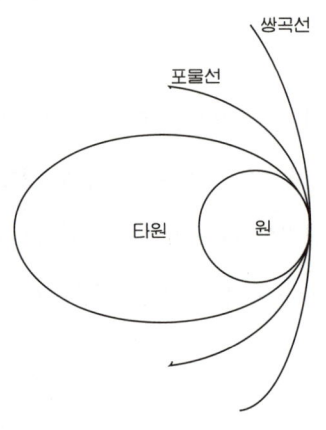

그리고 타원 운동은 만유인력과 같이 거리의 제곱에 반비례하는 힘이 작용하는 공간에서 물체가 어떤 속도로 운동할 때 나타납니다. 17세기에 케플러에 의해 태양에 대한 행성들의 속도에 따라 발생하는 여러가지 궤도들이 미세하게나마 타원인 것이 밝혀졌습니다. 이때 속도가 더 클 경우에는 쌍곡선으로 나타나기도 합니다.

일상 속에서 거리의 제곱에 반비례하는 힘은 만유인력과 전기력 등에서 나타납니다. 그러므로 일상 속에서 타원 운동이나 쌍곡선 운동을 관찰한다는 것은 매우 어려운 일입니다. 그 외에 물리적으로 쌍곡선은 파동의 간섭에서 나타납니다. 물결파를 발생시켰을 때 나타나는 간섭 무늬를 관찰할 때 나타나는 마디선의 모양이 바로 쌍곡선입니다.

결국 그리스 시대 이후 2차곡선으로 명명되어졌던 수학이론도 1,800여 년이 지나서 자연을 설명해 주는 수학이 되었습니다. 그러므로 2차곡선이라는 수학이론을 통해서도 다음과 같은 말을 할 수 있을 것입니다.

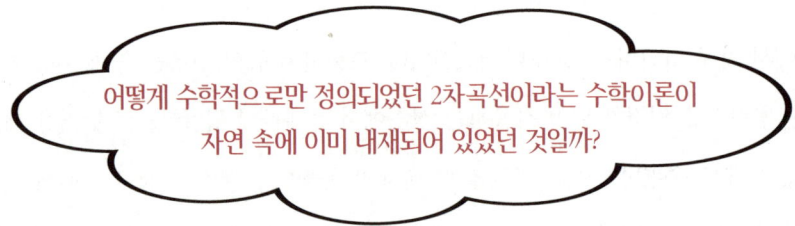

어떻게 수학적으로만 정의되었던 2차곡선이라는 수학이론이 자연 속에 이미 내재되어 있었던 것일까?

10. 미분과 운동의 변화율과의 일치

1) 미분이라는 순수이론수학

라이프니츠(Gottfried Wilhelm Leibniz, 1646-1716)

미분의 기원은 페르마와 데카르트의 "곡선 위의 점에서의 접선의 문제, 즉 어떤 함수의 변화율을 구하는 수학적 테크닉"에서 유래되었지만, 물리학자 뉴턴과 수학자 라이프니츠(Gottfried Wilhelm Leibniz, 1646-1716)가 각각 독립적으로 발견하였습니다. 특히 수학자 라이프니츠에게 있어서 미분은 지극히 순수수학적인 추론에서 탄생한 것입니다.[6] 즉 x, y라는 변수를 정의해 둠에 있어서 그 각각의 변수에 대해서 아무런 의미도 부여하지 않았습니다.

---

[6] 물론 뉴턴에 있어서의 미분의 발견은 라이프니츠와 반대입니다. 뉴턴은 물리학적인 운동을 설명하기 위한 방편으로 라이프니츠의 미분과 같은 방법을 창안해냈던 것입니다.

2) 자연 속 미분

그런데 순수수학적인 접근에서 이루어졌던 라이프니츠의 미분이론이 얼마 지나지 않아 물리적인 개념에 대응되게 됩니다. 즉 위에서 일반적으로 x와 y라고 이해했던 변수들이 이후에 물리학에서 쓰이는 위치와 속도, 가속도라는 물리량으로 그 의미가 부여된 것입니다.

위치함수라는 것은 어떤 특정 시간(x)에 대해서 어떤 물체의 위치(y)를 나타내는 함수입니다. 그리고 속도 함수(y')라는 것은 어떤 특정 시간(x)에 대해서 어떤 물체의 위치가 변화하는 변화율($\frac{dx}{dt}$)을 뜻합니다. 물체의 자유낙하에서 매초 마다의 위치가 변화하는 변화율이 바로 속도함수가 됩니다. 이와 비슷하게 가속도 함수(y'')는 어떤 특정 시간에 대해서 어떤 물체의 속도가 변화하는 변화율($\frac{dx^2}{dt^2} = \frac{dv}{dt}$)을 뜻합니다.

라이프니츠의 미분의 발견에 대해서 묻고 싶은 것은 이것입니다.

> 어떻게 라이프니치에 의해서 지극히 이성적 논리에서 출발한 미적분이라는 순수수학이론이,
> 여지없이 운동하는 물체의 위치와 속도와 가속도와 같은 물리적인 개념과 맞아 떨어졌던 것일까?

11. 순수수학이란 없다

수학은 인간의 생각과 사고를 기호로 표현하고 논리를 따르는, 즉 인간의 (수학적)지성에서만 수행되는 추상적 논리학문입니다. 그러므로 수학은 현실세계에서 구체적으로 실체화되지 않는 '보이지 않는 학문'이어야 하는 것이 분명합니다.

고드프리 해럴드 하디(Godfrey Harold Hardy, 1877~1947)라는 영국의 수학자는 세계대전에서 수학이 군사 목적으로 사용된 것에 대한 반감 때문에 자신의 연구를 온전히 순수수학으로만 간주하고 이런 말을 남겼습니다.

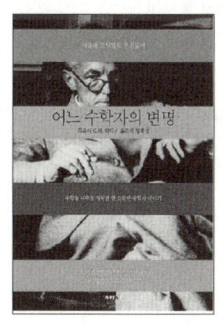

> 나는 지금까지 (수학에서) '실용적'인 것을 해본 적이 한 번도 없습니다. 나의 그 어떤 발견도, 직접적으로나 간접적으로, 선을 위해서나 악을 위해서나, 이 아름다운 세상을 변화시키지 않았고 앞으로도 변화시키지 않을 것입니다.

그러나 하디의 공언은 여지없이 틀린 것으로 드러났습니다. 그가 연구했던 수학은 훗날 집단유전학 분야에서 하디-바인베르크 원리로 실용적으로 사용되었습니다. 그리고 하디와 그의 공동연구자 라마누잔이 발견한 하디-라마누잔 점근 공식도 닐스 보어에 의해 원자핵의 양자 분배 함수를 찾는 데 적용되었고, 상호작용 불가한 보스-아인슈타인 계의 열역학적 함수들을 유도하는 데에 사용되었습니다(『신은 수학자인가?』에서 참고).

결국 하디는 훗날 다음과 같이 고백할 수밖에 없었습니다.

> 개인적으로 나는 수학적 실재가 우리의 외부에 존재하며, 우리의 역할은 그 실재를 발견 또는 관찰하는 것이라고 생각합니다. 그러므로 우리가 증명했거나, 우리의 창조물인 것처럼 잘난 척하며 떠들어대는 수학적 정리는 다만 우리가 관찰한 것에 대한 기록일 뿐입니다.(『어느 수학자의 변명』, p.99 중)

수없이 많은 순수수학들, 즉 피보나치 수열과 로그(log)와 허수와 리만의 구면 기하학 같은 순수이론수학이 자연 또는 자연 현상과 밀접한 연관성을 가지고 있는 것으로 드러나고 있습니다.

왜 자연 또는 자연 현상은 기존의 수학이론을 품고 있는 것일까요?

이와 같이 인간이 머릿속으로만 생각한 순수수학이 이미 자연계 안에 존재하고 있었다는 것이 수학의 불가사의한 미스터리입니다.

유진 위그너
(Eugene Paul Wigner, 1902-1995)

아인슈타인을 비롯한 현대 물리학자들과 수학자들은 자연과 연관되어 있는 수학을 매우 신비스럽게 바라보고 있었습니다.

노벨 물리학상을 수상한 유진 위그너(Eugene Wigner, 1902~1995)도, 물리학 이론의 수학적 구조가 종종 해당 이론을 앞서가거나 심지어는 미리 실험 결과를 예측까지 하는 현상에 대해 이것은 우연의 일치가 아니라 수학과 물리학 양쪽에 어떤 보다 넓고 깊은 진리를 반영한다고 주장했습니다.

수학이 자연현상을 해석하는 데 효과적인 도구가 된다는 것, 특히 물리적 현상을 가장 잘 기술할 수 있을 뿐만 아니라 발견할 수 있게까지 해준다는 사실은 수학이 이성 자체의 모습일 뿐 아니라 우주의 언어, 자연현상의 본질적 구조라고까지 생각하게 됩니다.

노벨물리학상을 수상한 데이비드 그로스((David J.Gross, 1941~)도 자연현상과 수학의 연관성에 대해서 다음과 같이 말했습니다.

내 경험에서 비추어볼 때, 수학자들이 도달한 수학적 구조가 인간의 마음에서 만들어낸 인공적인 창조물이 아니라, 물리학자들이 실제 세계를 표현하기 위해 창조해 낸 구조처럼 자연적이라고 생각하는 경우를 드물지 않게 볼 수 있습니다.

천문학자인 마리오 리비오도 『신은 수학자인가?』라는 책에서 다음과 같이 적고 있습니다.

수학은 자연계와는 아무 상관없이, 논리적 무모순과 미적 조화와 간결한 질서를 따라 스스로 인간들이 전개시켜온 순수 공리 체계일 뿐입니다. 그런데 이제까지 고안된 수학적 물체나 수학적 개념 중에 자연현상에서 그에 대응되는 물리적 실체와 물리적 현상이 발견되지 않는 경우가 없었습니다. 우주 만물의 구성 원리와 운행 원리가 인간 지성의 수학적 논리 세움과 맞아 떨어지고 있는 것입니다. 어찌하여, 우주와 자연계에 그토익 수학적 질서와 논리적 무모슈이 존재하며 그것이 인간의 순수수학적 논리와 일치하는가?

2장 왜 순수수학과 자연 속 수학의 일치가 일어나는 것일까?

이제 수학의 신비에 대한 창조론적인 이해를 통해 감히 물리학자들과 수학자들의 고민(?)에 대해서 정답을 이야기하려고 합니다. 단지 창조주를 안다는 것만으로 이렇게 우주의 비밀을 이해할 수 있게 된다는 것이 어쩌면 더 신비스러운 것일 수도 있을 것 같습니다.

3장 수학의 신비에 대한 창조론적 이해

1. 수학의 신비와 천지창조와의 관계

1) 인간의 수학과 우주 만물 속 수학이 일치하는 이유

수학이 무엇이기에 왜 순수하게 수학적 이론으로만 탐구되어 왔던 개념과 관계가 물리적 실체와 만나는 것일까요? 인간의 정신은 물리적 실제인 우주 만물과 어떤 연관성을 가지고 있는 것일까요? 앞에서 서술한 것과 같이 아인슈타인도 수학의 신비에 대해 다음과 같이 고민을 이야기했습니다.

> 수학은 경험에 의존하지 않는 인간 사고의 산물인데,
> 그런 수학이 물리적 실체의 대상에 정확히 들어맞는 일이 어떻게 가능할까?

인간의 지성 속에서 일어난 수학과 자연과 우주 만물 속 수학의 일치가 일어나는 이유에 대한 유일한 해답은 결국 수학이 누군가에 의해서 '인간의 지성 속'과 '자연과 우주 만물 속'에 공통적으로 부여된 것으로 간주해야 한다는 것입니다. 즉 자연 속 수학과 인간 지성이 수행하는 논리적 수학 체계가 동일한 기원을 가지고 있다는 것입니다. 그렇지

않고서는 이러한 수학의 신비를 설명할 길이 없습니다. 이에 대해 유진 위그너는 수학을 '이성이면서 동시에 우주의 언어'인 것 같다고 말했습니다.

수학이 자연현상을 해석하는 데 효과적인 도구가 된다는 것은
수학이 이성 자체의 모습일 뿐 아니라
우주의 언어, 자연현상의 본질적 구조라고까지 생각하게 됩니다.

놀랍게도 성경에는 자연 속 수학과 인간 지성이 수행하는 수학이 동일한 기원을 가짐에 대한 추론을 할 수 있는 내용이 있습니다. 다음 두 성경구절이 그에 대한 해답을 제시해 줄 수 있는 핵심 키워드일 것입니다.

> 태초에 하나님이 천지를 창조하시니라(창 1:1)
> 우리의 형상을 따라 우리의 모양대로 우리가 사람을 만들고 …그들로…모든 것을 다스리게 하자 하시고(창 1:26)

① 우주 만물 속 수학과 창조주의 수학적 지성

태초에 하나님이 수학적 우주를 창조하시니라

우주 만물은 창조주에 의해 창조되었습니다. 창조된 우주 만물은 지극히 수학적으

로 설계되어 있는 것으로 보아 창조주는 그분의 수학으로 우주 만물의 생성과 운행의 원리로 삼으셨던 것 같습니다. 다르게 표현한다면 창조주는 그분의 수학을 우주 만물 안에 넣어두셨습니다. 마치 인간이 피라미드나 파르테논 신전과 같은 사물 속에 수학을 넣는 것과 같습니다.

일찍이 플라톤은 신을 우주의 수학적 원리를 구축한 수학자라고 설명하면서, 자연철학자는 우주를 질서 있고 조화롭게 만드는 수학적 패턴을 밝혀야 한다고 주장했습니다. 플라톤과 마찬가지로 현대의 물리학자들도 신의 수학에 의한 세상의 창조를 다음과 같이 역설했습니다.

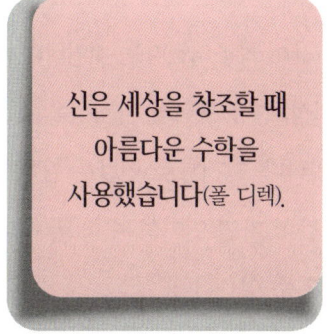

신은 세상을 창조할 때 아름다운 수학을 사용했습니다(폴 디렉).

이 우주는 다름 아닌 수학자의 설계에 따라 창조되었을 것입니다 (제임스 진스).

우주 만물이 창조주의 수학으로 창조되었기 때문에 수학으로 표현된 자연 현상은 극도의 정확성을 가지게 됩니다. 그리고 사람이 우주에서 찾아낸 수학방정식 안에는 사람이 찾아낸 것 이상의 신적 비밀이 담겨 있기에 그 수학방정식 안에는 인간의 경험을 뛰어넘는 물리적 실체가 있게 되는 것입니다. 그렇기 때문에 물리 방정식의 수학적 대칭성을 관찰함으로써 새로운 물리 현상을 예측하는 것이 가능했던 것입니다.

[부록1-수학의 비합리적 효용성에서 설명하듯이 맥스웰의 전자기 파동 방정식에서 전자기파가 발견되었고, 양자 전기 역학 방정식에서 새로운 소립자가 발견되었으며 아인슈타인의 중력장 방정식에서 우주의 팽창이 발견된 것이 이런 이유입니다.

② 인간의 수학적 지성과 창조주의 수학적 지성

우리의 형상을 따라 우리가 사람을 만들자

여기서 주목할 내용은 창조주의 형상을 따라 인간이 창조되었다는 것입니다. 창조주의 형상에 대해 다양한 해석이 있을 수 있겠지만, 지성, 영성, 도덕성, 사회성을 포함한 창조주의 신성의 모든 것을 말한다고 할 수 있을 것입니다. 그러므로 인간은 감히 창조주의 신성의 일부분을 공유받은 존재인 것입니다. 인간이 가진 언어성, 수학성, 음악성, 예술성 등은 모두 창조주의 신성의 일부분이라고 말할 수 있습니다.

왜 창조주는 인간을 자신의 형상을 따라 창조하였을까요? 다른 말로 왜 창조주는 인간에게 자신의 형상의 일부분을 공유시켜 주었을까요?

이에 대한 해답은 창세기 1장 26절에 표현되어 있는 것처럼 창조주는 인간이 자신의 창조 세계를 다스리도록 하기 위해서입니다. 창조 세계를 다스리는 자는 최소한 창조 세계 다스림에 필요한 창조 원리를 알아야 합니다. 그래서 창조주는 창조 세계의 다스림에 필요한 창조주의 지성의 일부분을 인간에게 부여해 주셨습니다. 창조주가 인간에게 부여한 지성은 당연히 당신의 창조 세계를 가장 잘 이해할 수 있는 지성이고, 그 지성은 오로지 창조주의 지성일 때 가능할 것입니다. 창조주의 이런 능력이 인간에게 부여되지 않았다면 인간은 결코 창조주가 창조한 세계를 이해할 수도 없었으며 다스릴 수도 없었을 것입니다. 그러므로 창조주의 지성이 공유된 인간은 창조 세계를 이해하고 다스릴 수 있는 유일한 존재인 것입니다.

이제, 특별히 수학과 연관시켜 표현한다면, 창조주는 인간에게 창조주의 수학적 지성의 일부분을 공유시켜 주었다고 할 수 있습니다.

인간은 창조주의 수학적 지성을 공유받은 존3재로 창조되었습니다.

③ 인간의 수학과 우주 만물 속 수학이 일치하는 이유

이제 왜 인간의 수학과 우주 만물에 나타나는 수학 사이에 경이로운 일치가 일어날 수 있는 지에 대한 이유를 설명할 수 있게 되었습니다. 그것은 바로 인간의 수학적 지성과 물리적 실제인 우주 만물은 창조주의 수학적 지성이라는 공통의 기원을 가지고 있기 때문입니다. 그 관계를 그림으로 표현하면 다음과 같습니다.

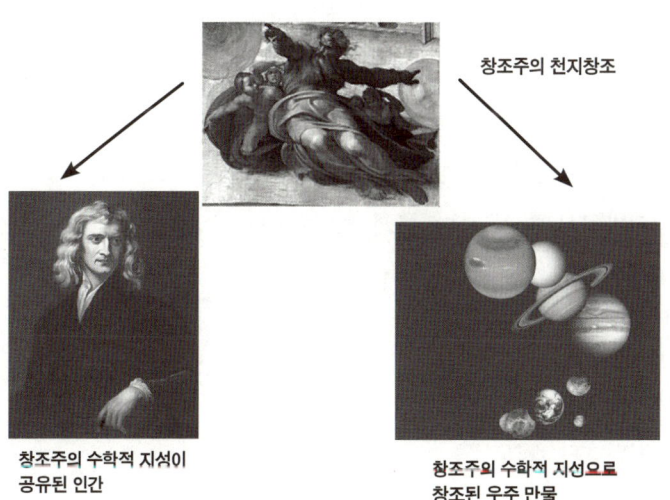

3장 수학의 신비에 대한 창조론적 이해

그러므로 다음과 같이 말할 수 있을 것입니다.

> 결국, 우주 만물이나 생명체에 나타나는 수학이든,
> 인간의 논리적 지성에 의한 수학이든,
> 모두 창조주의 수학적 지성에서 기원했습니다.

순수하게 인간의 수학적 지성이 활용되어 발견된 피보나치 수열, 황금비, 리만 기하학이 꽃과 나무와 우주 공간이라는 물리적 실체에서 나타나는 이유는, 첫 번째는 창조주가 꽃과 나무와 같은 자연만물이나 우주 공간을 창조하실 때 그분의 수학적 지성을 활용하여 창조하셨기 때문이고, 두 번째는 인간은 창조주에게서 피보나치 수열, 황금비, 리만 기하학을 할 수 있는 수학적 지성을 공유받았기 때문입니다. 그래서 우주 만물 속의 수학과 인간의 수학 사이에 일치가 나타날 수 있는 것입니다.

창조주가 우주 만물에 넣어둔 수학과
인간의 정신에서 수행되는 논리적인 수학은 동일한 것입니다.

이런 설명 이외에, 인간의 지성 안에서 수행되는 수학적 논리와 우주 만물 곳곳에 새겨져 있는 수학방정식 사이의 연관 관계, 그리고 인간이 수학으로 우주를 이해하는 원리를 설명할 수 있는 다른 방법은 없습니다.

2) 아인슈타인의 고민 해결

이제 아인슈타인의 첫 번째 고민이 해결되었습니다.

 **고민 1 : 수학은 경험에 의존하지 않는 인간 사고의 산물인데, 그런 수학이 물리적 실체의 대상에 정확히 들어맞는 일이 어떻게 가능할까?**

그것은 우주 만물이나 생명체에 나타나는 수학이든, 인간의 논리적 지성에 의한 수학이든 모두 창조주의 수학적 지성에서 기원했기 때문입니다. 그리고 아인슈타인의 두 번째 고민도 해결할 수 있습니다.

 고민 2 : 인간이 우주 만물을 (수학으로) 이해할 수 있다는 것 자체가 가장 큰 미스터리이다.

인간이 우주 만물 속 수학을 이해하기 위해서는 최소한 인간의 수학과 우주 만물 속 수학에 연결고리가 존재해야 합니다. 이 연결고리는 바로 인간의 수학적 지성도 창조조의 수학적 지성에서 유래했고, 우주 만물과 생명체에 나타나는 수학도 창조주의 수학적 지성에서 유래했다는 공통성입니다.

창조주가 자신의 수학적 지성으로 우주 만물 속 수학을 이해할 수 있는 것과 마찬가지로 창조주의 수학적 지성을 공유받은 인간도 자신의 수학적 지성으로 우주 만물 속 수학을 이해할 수 있는 것입니다. 이것을 다시 그림으로 표현하면 다음과 같습니다.

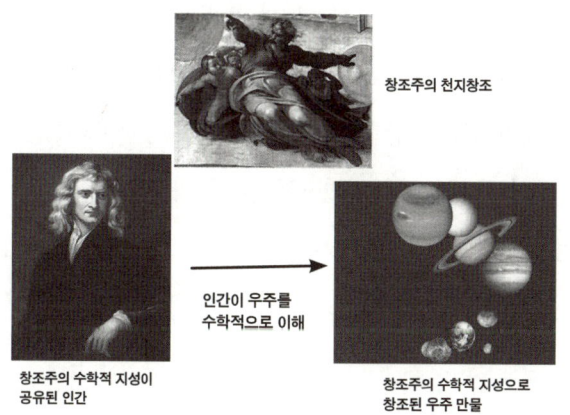

3장 수학의 신비에 대한 창조론적 이해 101

결국 창조주가 우주 만물에 넣어둔 수학과, 인간의 정신에서 수행되는 논리적인 수학은 동일한 것이기 때문에 인간은 우주를 수학적으로 이해할 수 있습니다.

·인간이 우주 만물을 수학으로 이해한다는 것이란?

실제로 인간이 어떤 것을 이해한다는 것은 그리 단순한 문제가 아닙니다. 일례로 어떤 사람이 한글로 적힌 '우주는 창조되었다'라는 메모를 건네 받았다고 하겠습니다. 만약 한글을 전혀 배우지 못한 미국인이나 일본인이 이 메모를 건네 받았다면 이 메모의 내용을 이해하지 못할 것입니다. 또한 한글을 아는 5살짜리 한국 어린이가 이 메모를 받았다고 할 지라도 이해할 수 없었을 것입니다. 그 어린이는 '우주'나 '창조'라는 단어를 아직 모르고 있을 것이기 때문입니다.

이해한다는 것은 바로 이런 것입니다. 즉 어떤 내용이나 정보를 이해하기 위해서는, 최소한 내용이나 정보를 보낸 자와 받는 자 사이에 대등한 정도의 지적 능력이 서로 공유되고 있어야 합니다. 어느 한쪽이라도 그 내용에 대한 기초 지능이 없는 상태에서는, 서로 주고받더라도 소통되는 정보로서의 기능을 하지 못합니다.

파르테논 신전을 예로 들어 생각해 보겠습니다.

파르테논 신전에는 황금비라는 수학이 담겨져 있습니다. 분명 파르테논 신전에 황금비 수학을 넣은 자가 있습니다. 그리고 후대 사람들은 파르테논 신전을 관찰하고 나서 황금비 수학이 담겨 있다는 것을 발견하였습니다. 황금비 수학을 넣은 자와 그것을 발견한 자 사이에는 황금비 수학에 대한 내용의 이해가 공유되고 있어야 합니다. 뭔가를 이해한다는 것은 이와 같은 것입니다.

우주 속에 수학방정식을 넣은 자와
우주 속 수학방정식을 발견한 자는
똑같은 수학을 공유하고 있는 것이다.

마찬가지로 우주 만물 안에는 만유인력 방정식이나 일반상대성이론과 같은 수학방정식이 들어있습니다. 훗날 뉴턴이나 아인슈타인은 우주 속에 숨어 있는 수학을 발견했습니다. 이것은 우주를 수학적으로 이해한 것입니다. 그렇다면 우주에 수학방정식을 넣은 자와 우주에서 수학방정식을 발견한 자(우주를 수학적으로 이해한 자) 사이에는 수학방정식 내용의 이해가 공유되고 있었습니다.

어떻게 둘 사이에 그런 공유가 가능하게 된 것일까요? 인간은 우주의 수학 또는 창조주의 수학과 같은 그런 수학적 지능을 어떻게 갖추게 된 것인가요? 무신론적 진화론에서 주장하는 것과 같이, 인간이 우주 안에 살다 보니 적응의 결과로 수학을 저절로 갖추게 된 것인가요? 그러나 인간에게 우주 공간은 보이는 대상이 아니기 때문에 이것은 틀린 말입니다.

결국 인간이 우주 만물을 수학적으로 이해할 수 있는 이유는 '인간의 지성 내부에는 선천적으로 우주 만물을 창조한 창조주의 수학적 지성의 일부분이 내재되어 있었다.'라고 말할 수밖에 없습니다. 그리고 그러한 수학적 지성을 부여한 분은 당연히 '창조주 또는 신'입니다.

그러므로 우리는 우주 만물 속에서 수학방정식을 본 순간 그 곳에 수학방정식을 넣은 자, 곧 우주의 창조주가 있음을 알 수 있습니다.

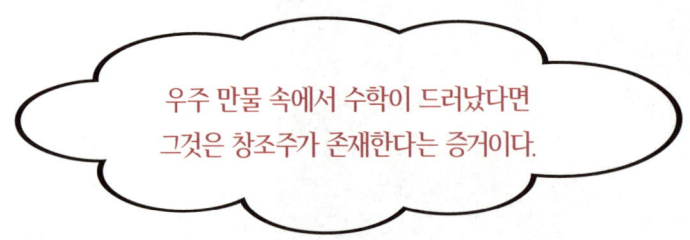

3) 수학자가 상상하면 현실이 되는 이유

이제 수학의 신비에 대한 결론은 명백해졌습니다. 인간의 머릿 속에는 창조주의 수학적 지성의 일부분이 공유되었습니다. 그리고 창조주의 수학은 우주 만물 곳곳에 반영되어 있습니다. 이 둘은 창조주의 수학적 지성이라는 공통의 기원을 가지고 있습니다. 그래서 수학자의 상상 속에서 일어났던 수학이론이 간혹 우주 만물 곳곳에서 그대로 드러나는 경우가 자주 일어났던 것입니다.

수학자가 상상하면 현실이 되곤 합니다.

피보나치가 상상했던 피보나치 수열도 현실 세계에서 나타났습니다. 만델브로가 상상했던 프랙탈도 현실 세계에서 나타났습니다. 라이프니츠가 상상했던 미분도 현실 세계에서 나타났습니다. 리만이 상상했던 구면 기하학도 현실에서 나타났습니다.

그런데 수학자의 상상이 현실 세계에만 국한되는 것일까요? 현실 너머의 세계까지 존재하지는 않을까요? 왜냐하면 인간의 수학적 지성이 우주를 뛰어넘어 계시는 창조주의 수학적 지성의 일부분을 공유했으니까요!

당연히 수학자의 상상 속에는 현실 너머의 세계까지 존재할 것입니다. 대표적인 예가 무한(∞)이 아닐까 생각해봅니다. 어떤 사람들은 그 무한의 세계는 현실 세계와는 너무도 달라서, 현실 세계에서는 1-1=0이지만 무한의 세계에서는 $\infty - \infty = \infty$, $\frac{\infty}{\infty} = \infty$ 라고 말하기도 합니다. 이것이 맞는지는 명확하지 않지만 단지 인간의 지성 안에는 무한의 개념이 있다는 것입니다.

인간의 사고 속에 무한이라는 개념이 존재하는 걸로 봐서 물리적 실재 또는 인간의 삶 속에도 무한이 있지 않을까요? 인간의 머릿속에서 나온 수학은 늘 현실과 관련을 맺어왔으니까요.

우리가 가장 단순하게 생각하는 덧셈과 뺄셈도 현실 세계와 연관을 맺고 있다는 것을 알고 있나요? 우리가 너무나 익숙하게 다루고 있는 2+4=6이라는 덧셈 식은 2와 4라는 두 개의 서로 다른 수가 어떤 의미로 연결되어 6이라는 수에 의미를 부여하는 구조입니다.

우리가 물체를 회전시키는 운동도 수학적인 덧셈 구조로 이해를 할 수 있습니다. 즉 x, y, z축들의 방향으로 회전시키는 경우 이 연속적인 회전을 하나의 숫자들로 인식하고 한 번 회전 시키고, 다시 다른 방향으로 회전시키는 연속적인 두 번의 회전을 각각의 회전의 덧셈으로 이해할 수 있는 것입니다.

그저 단순하게 여겨져 왔던 덧셈과 뺄셈이라는 수학도 현실 세계의 회전운동과 연관을 갖고 있습니다.[7]

4) 자연수(1,2,3,4…)의 유래

그리고 꼭 짚고 넘어가야 할 것이 있습니다. 흔히 1, 2, 3, 4 또는 하나, 둘, 셋, 넷이라는 자연수는 인간이 사물을 관찰하고 만든 것(발명한 것)이라고

1 하나 2 둘 3 셋
4 넷 5 다섯 6 여섯

---

7) 참고 : http://blog.daum.net/about_math/11433568 수학이 그리는 세상

말합니다. 즉 지나가는 사물의 개수를 보고 인간이 자연수 체계를 만들었다는 것입니다. 그러나 자연수의 등장은 먼저 인간의 선천적인 수학적 사고에서 나온 것입니다. 이미 1, 2, 3, 4…또는 하나, 둘, 셋, 넷…이라는 수에 대한 사고 또는 심상이 인간의 지성 안에 존재했으며 인간은 그러한 심상을 아라비아 숫자, 로마 숫자, 한문 숫자 등과 같은 여러 가지 숫자 체계를 통해 나타내고 있는 것 뿐입니다. 그리고 창조주가 만든 우주 만물도 그러한 수학 숫자와 같은 개념으로 창조되었기 때문에 인간 지성 속 숫자에 대한 심상과 우주 만물이라는 실제 세계와의 일치가 일어났던 것입니다.

0과 음수, 유리수, 무리수도 인간의 머릿속에 있는 숫자들이었으며 삼각형, 사각형, 정육면체 등의 도형과 기하학도 인간의 머릿속에서 존재하는 세상입니다. 인간은 실생활에서 경험된 것만을 수학으로 분류하려고 하다 보니 자연수는 일찍 수학 체계 안으로 들어왔지만 0과 음수 등은 수학 체계로 들어오는 데 오랜 세월이 걸렸던 것입니다.

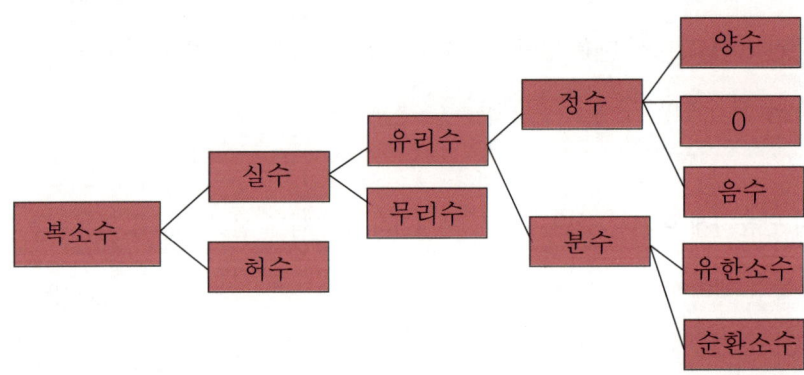

읽어보세요!

천재 수학자의 숫자 이해

원주율을 22,514자리까지 외우고, 지구상에서 가장 어려운 아이슬란드어를 일주일만에 의사소통이 가능한 단계까지 익히는 천재 수학자 다니엘 타밋(Daniel Tammet, 1979.1.31~)에 대한 다큐가 kbs에서 방영된 적이 있었습니다.

다니엘은 머릿속에서 숫자에 대한 형상, 색깔, 질감, 모양, 경치 같은 것을 볼 수 있고 아울러 숫자에 대해 감정까지 느낀다고 합니다. 숫자 1은 선명하고 반짝이는 숫자입니다. 숫자 2는 오른쪽에서 왼쪽으로 서서히 움직이는 동작 같은 것입니다. 숫자 5는 천둥소리나 바위에 부딪히는 파도소리와 비슷합니다. 숫자 6은 아주 작아서 구멍이나 공백, 블랙홀 같은 느낌을 줍니다. 그래서 다니엘은 6이라는 숫자를 싫어합니다. 숫자 9는 아주 커서 위협적입니다. 다니엘은 이런 느낌을 10,000까지의 숫자에 대해 각각 가지고 있습니다.

다니엘은 소수(1과 자기 자신만으로 나누어 떨어지는 양의 정수)에 대해서는 부드럽고 둥근 느낌을 가지고 있어서 아무리 큰 소수라 할지라도 직감적으로 알아차립니다. 그리고 함

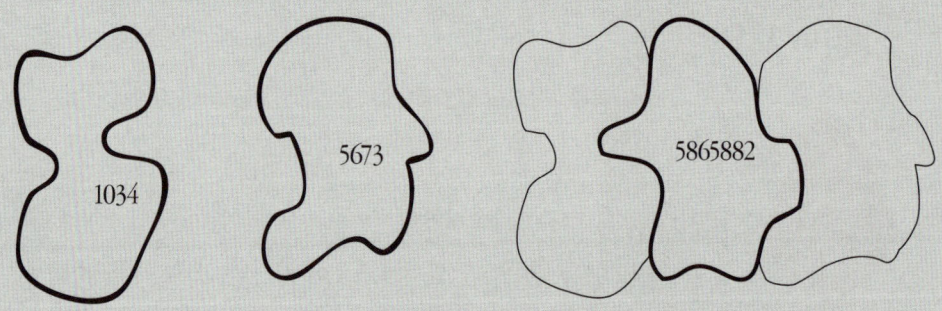

수에 대해서는 모래처럼 거친 질감을 느낍니다.

  다니엘이 곱셈을 할 때는 두 개의 숫자가 모양으로 떠다닌다고 합니다. 그리고 그 사이에 세 번째 모양이 들어서는데 그 새로 나타난 숫자가 두 수의 곱셈의 답이 된다는 것입니다.

  [참고 : kbs 다큐멘터리 - 서번트 신드롬]

2. 수학은 발견이다

1) 수학은 발견인가? 발명인가?

뉴턴은 만유인력의 법칙을 '발명'했는가? '발견'했는가?
에디슨은 전구를 '발명'했는가? '발견'했는가?

'발명'이라는 것은 기존에 없던 새로운 것을 만들어내는 행위이므로 에디슨은 그 이전까지 존재하지 않았던 전구를 발명했다고 합니다. 비록 전구를 만들기 위한 '재료'는 준비되어 있었으나, 사람들은 그것을 제작하는 방법은 몰랐습니다. 반면에 '발견'은 기존에 존재하던 것을 새롭게 찾아내는 행위입니다.

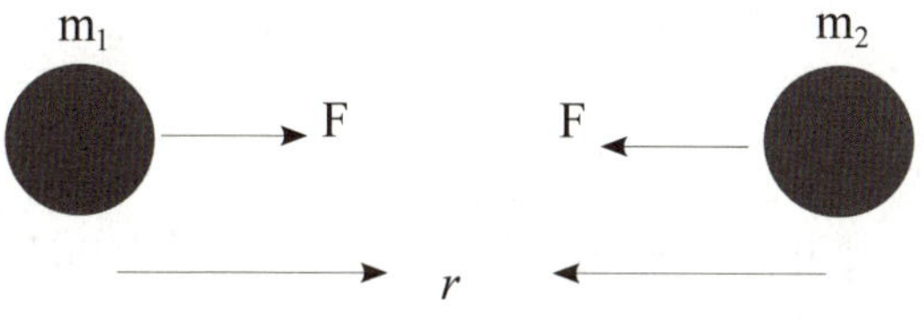

만유인력

$$F = G\frac{m_1 \cdot m_2}{r^2}$$

(상수 G=6.67×10⁻¹¹Nm²/kg²)

3장 수학의 신비에 대한 창조론적 이해

그렇다면 피타고라스는 피타고라스 정리를 '발명' 했을까요? '발견'했을까요? 뉴턴과 라이프니츠는 미분을 '발명'했을까요? '발견'했을까요? 인간은 숫자(정수, 실수, 유리수, 무리수 등)를 '발명'했을까요? '발견'했을까요? 인간은 도형(삼각형, 사각형, 오각형 등)을 '발명'했을까요? '발견'했을까요? 인간은 소수(1과 자기 자신의 수로만 나눠지는 수)를 '발명'했을까요? '발견'했을까요?

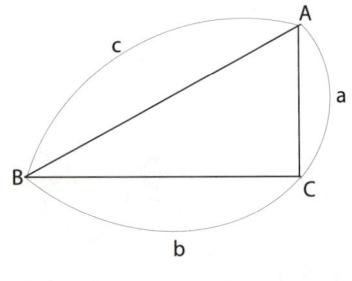

피타고라스의 정의 $a^2+b^2=c^2$

2) 모든 수학은 발견이다

수학자들에게 있어서 수학이 발견인지, 발명인지에 대해서 논란이 오랫동안 있어 왔습니다. 그러나 이제 수학의 속성을 통해 수학이 발견인지 발명인지가 명확히 드러났습니다.

우주 만물이나 생명체에 나타나는 수학이든, 인간의 논리적 지성에 의한 수학이든, 결국 창조주의 수학적 지성에서 공통적으로 기원했습니다.

수학의 실체는 이미 창조주의 수학적 지성 안에 존재하고 있었으므로 인간의 수학은 모두 발견에 해당하는 것입니다.

모든 수학은 발견입니다.

만유인력의 법칙은 뉴턴이 발견하기 전에도 우주 안에 작용하고 있던 자연법칙이었으므로 만유인력의 법칙은 '발견'인 것입니다. 마찬가지로 피타고라스 정리나 미분이나 숫자나 도형이나 소수도 인간이 발견하기 전에 이미 자연계 안과 인간의 지성 속에 존재해 있었습니다. 한마디로 모든 수학은 인간에게 있어서 발견인 것입니다.

그러므로 수학자들이 찾아낸 수학이론이란 순수 이성에 의해 그 개념을 무에서 유로 창조한 것이라기보다는, 그가 느끼진 못했더라도 그의 두뇌(지성)가 항상 논리적 일관성과 심미적 대칭성 같은 더 근원적인 가이드라인이란 길을 더듬으며 따라가다가 발견해낸 것입니다(『신은 수학자인가?』에서 발췌).

수학은 발견임을 인정한 수학자들이 많이 있었습니다. 대표적 수학자로 필드 메달 상을 수상한 알랭 콘느와 마틴 가드너, 데이비드 그로스, 로저 펜로즈가 있습니다.

① 알랭 콘느(Alain Connes, 1947-, 1982년 필즈 상/2001년 크라포르드 상/2004년 CNRS 금메달 수상)

1, 2, 3, 4…로 나가는 자연수 같은 어떤 특별한 수학적 개념을 파악하고 나면 피타고라스의 법칙과 같은 부정할 수 없는 사실과도 마주치게 됩니다. 이는 이미 존재하고 있던 사실과 우리가 마주쳤을 뿐이라는 느낌이 들게 합니다. 논리적인 필연성 때문에 수학적 사실들은 우리의 인식과 관계없이 이미 추상의 세계에서 존재하고 있었기 때문에, 우리는 물리적 실체처럼 이미 존재하고 있던 명확한 어떤 수학적 실체와 우연히 마주쳤을 뿐이므로 모든 수학은 발견입니다.

② 마틴 가드너(Martin Gardner, 1914-)

수학과 수가 스스로 존재합니다. 공룡 두 마리가 숲 속 공터에서 다른 공룡 두 마리와 마주쳤다면 그 곳에는 네 마리의 공룡이 있게 됩니다. 그 공룡들을 관찰할 인간도 없고, 공룡이 자신들의 수가 넷이라는 사실을 알아차릴 정도로 영리하지 못해도 공룡이 네 마리라는 사실은 분명합니다.

③ 데이비드 그로스(David Gross, 1941-, 노벨 물리학상 수상자)

내 경험에서 비추어 볼 때, 수학자들이 도달한 수학적 구조가 인간의 마음에서 만들어낸 인공적인 창조물이 아니라 물리학자들이 실제 세계를 표현하기 위해 창조해 낸 구조처럼 자연적이라고 생각하는 경우를 드물지 않게 볼 수 있습니다. 다시 말해서 수학자들은 새로운 수학을 발명하는 게 아니라 발견하는 것입니다. 만약 이것이 옳다면 우리가 탐구해온 불가사의 같은 수학의 비합리적 효용성을 덮고 있던 베일이 조금은 벗겨질지도 모릅니다. 이론 물리학의 개념이 실제인 것처럼 수학도 실제 세계의 일부라면, 실제 세계를 분석하는 효율적인 도구로 쓰인다는 것은 그리 놀랄 일이 아닐 것입니다.

④ 로저 펜로즈(Roger Penrose, 1931-, 옥스퍼드 대학교, 영국의 수학자이자 이론물리학자)

세 가지 다른 세계가 있습니다. 물리세계는 우리가 물리적 실제라고 부르는 세계입니다. 인지 세계란 우리의 모든 정신적 심상이 깃드는 세계입니다. 수학적 형식의 이상 세계는 수학이 잉태된 세계입니다. 물리세계는 수학적 형식의 이상 세계 안에 있는 법칙을 따르는 것으로 보입니다. 의식에서 감지한 것이 깃드는 곳인 인식하는 마음 자체는 어찌된 일인지 물리세계에서 나타납니다. 어떻게 마음이 물질에서 태어나는 것일까요? 수학적 형식의 이상 세계가 인지 세계와 만나면서 이 세 가지 불가사의가 하나의 고리로 이어집니다. 인식하는 마음은 추상적인 수학의 형식과 개념을 창조하거나 발견하고 명확하게 나타냄으로써 기적과도 같이 수학적 형식의 이상 세계로 진입할 수 있습니다.

3) 수학적 실재론

수학을 발견이라고 주장하는 수학자들과 과학자들은 수학적 실재론을 주장합니다. 실재론(realism, 實在論)이란 인식론(認識論)의 사고 방식으로 의식, 주관과 독립된 객관적 존재를 인정하고 그것을 올바른 인식의 목적 또는 기준으로 삼는 철학적 입장입니다. 그러므로 수학적 실재론이란 수학에서 사용되는 개념과 이들 개념 간의 관계를 표시하는 공리, 정리 등의 명제는 실재(實在)하는 수량이나 공간의 반영이라는 수학 철학입니다. 한마디로 수학적 대상이 객관적으로 존재하는 것으로 믿는다는 이야기입니다. 상대성이론에서 리만(Riemann) 기하학을 쓰는 편이 유클리드(Euclid) 기하학보다 편리한 이유도 실재하는 우주 공간의 구조 자체가 리만 기하학적이기 때문입니다. 결국 수학적 대상은 이성적이면서 현실적일 가능성이 크다는 것으로써, 수학적 실재론이 수학의 신비 또는 수학의 초월적 속성을 가장 잘 반영하는 철학임에 틀림없습니다.

현대의 양자역학이라는 물리학에도 이와 비슷한 내용이 있습니다. 전자나 광자와 같은 실재하는 양자 입자는 파동함수라 알려진 수학적 개체로만 적절하게 기술될 수 있습니다. 파동함수에서는 전자나 광자는 어느 위치에서나 존재할 수 있지만 전자나 광자를 관측하려고 하면 단지 하나만 볼 수 있을 뿐입니다. '어떻게 수많은 가능성들이 단 하나의 물리적 현실이 될까?' 이것이 양자역학의 핵심적인 의문입니다.

이에 대해 '어떤 것도 관측되거나 측정되기 전까지는 현실이 아니라는 것(코펜하겐 학파)'이라고 주장되어 왔습니다. 폰 노이만(John von Neumann, 1903-1957)은 '관측이란 의식하는 정신의 행동'이라고 제시했는데 이는 양자역학의 창시자 막스 플랑크(Max Karl Ernst Ludwig Planck, 1858-1947)가 1931년에 "나는 의식을 근본적인 것으로 간주한다. 나는 물질을 의식의 파생물이라 간주한다."라고 내놓았던 아이디어와 맥락을 같이 합니다. 물리학자 제임스 진스(Sir James (Hopwood) Jeans, 1877-1946)도 이와 비슷하게 다음과 같이 말했습니다.

인간 지식의 물줄기는 비기계적인 실재를 향해 흐르고 있다. 우주는 위대한 기계라기보다는 위대한 사고로 보여진다. 정신이란 물질의 세계에 우연히 끼어든 것 뿐이라는 생각은 이제 그만두어야 한다. 오히려 정신이 이 세계의 창조자이자 주재자라는 인식을 가져야 할 것이다.

아무튼 인간의 의식 또는 지성에는 무언가 특별한 것이 있다는 것입니다. '의식이 있는 정신 또는 지성'은 자기에게 제공된 양자적 가능성 중의 하나를 선택할 수 있으며 이것을 현실(실재)로, 적어도 그것을 선택한 정신에게는 현실로 만들 수 있는 것입니다.

창조주는 이 우주를 창조하고 창조주가 만들어 놓은 우주에 대해 이해할 수 있는 지성을 불어넣어 주셨습니다. 이 우주가 무엇인지 알 수 없지만 오직 존재하는 것은 이 우주와 이 우주를 이해할 줄 아는 창조주의 지성을 가진 인간입니다.

4) 수학은 발명이라고 주장하는 수학자들과 진화론

물론 수학을 발명이라고 주장하는 수학자들도 있습니다. 그들은 '수학은 수 세대를 거쳐 오면서 사람들이 만든 논리적으로 모순되지 않는 하나의 약속 체계'라는 것입니다. 즉 '사과'라는 단어가 사회적, 언어적 약속이듯이, '스트라이크가 셋이면 아웃이다'라는 야구의 규칙에 대한 약속이 있듯이, '축구공에 손을 대면 핸들링 반칙이다'라는 축구의 규칙에 대한 약속이 있는 것처럼 수학도 인간이 만든 약속 체계에 불과하다는 것입니다. 이 경우 모든 수학은 인간의 진화의 과정에서 나온 사회적 산물이 됩니다.

수학이 발명이라고 주장하는 수학자들은 진화론적인 세계관 또는 무신론적 세계관을 가지고 있다는 공통점이 있습니다. 대표적인 인물이 수학자이며 철학자인 버트란트 러셀(Bertrand Arthur William Russell, 1872~1970)입니다. 그는 수학적 공리가 단순한 논리적 정의일 따름이므로, 어떠한 수학적 대상도 존재할 필요가 없다는 입장입니다.

인간이 오랜 세월 동안 두 개의 손과 두 개의 눈과 두 개의 가슴을 바라보았기 때문에 숫자 2에 대한 추상적 정의가 나오게 되었습니다. 이는 두 개의 날개가 있고 하늘을 나는 동물을 수없이 본 결과 새라는 단어가 나온 과정과 흡사합니다.

마리오 리비오도 그의 저서 『신은 수학자인가?』에서 진화의 관점에 대체로 동의를 합니다.

진화의 맥락에서 뇌를 바라보면, 수학이 자연과학에서 거둔 불가사의한 성과를 적어도 부분적으로는 이해할 수 있습니다. 뇌는 물리적 세계를 잘 다루는 방향으로 진화를 해왔으므로, 이 목적에 잘 부합하는 언어와 수학이 개발되었다는 사실은 그리 놀랄 일이 아닙니다.

수학자 이언 스튜어트 교수도 그의 저서들에서 수학의 신비에 대해 모두 진화론적 입장을 취합니다.

우주에 관해 아는 모든 것은 감각기관을 매개로 해서 정신으로 들어옵니다…이 사실은 우리의 감각기관이 적어도 부분적으로는 패턴을 식별하기 위해 진화되었음을 의미합니다.… 그러므로 내 생각에는 인간 정신의 수학에 대한 선호는 주변 우주에 있는 참된 패턴에 대한 진화적 반응이라고 여겨집니다. 수학과 전혀 관련이 없는 우주 속에 사는 존재는 수학을 하지 않을 것입니다(『눈송이는 어떤 모양일까요?』, p.29).

수학자와 실세계 사이의 관계에서 드러나는 가장 기묘한 (동시에 가장 강력한) 특성 중 하나는, 훌륭한 수학은 종내에는 극히 유용함이 입증된다는 사실입니다. 왜 그럴 수밖에 없는가에 대해서는 사람의 정신 구조에서부터 우주가 극히 작은 수학적 조각들에 기초해 만들어졌다는 이론에 이르기까지 온갖 이론들이 있습니다.…어쩌면 가장 중요한 점은 그런 종류의 의문을 가질 수 있는 생물은 그런 구조를 가진 우주에서만 진화할 수 있다는 것인지도 모릅니다(『자연의 패턴』, p.45).

수학이 '발견'인가? '발명'인가?라는 물음의 중요성이 여기에 있습니다. 즉 이 물음은 곧바로 무신론적 세계관 또는 진화론적 세계관을 가지고 있느냐, 아니면 유신론적 세계관 또는 창조론적 세계관을 가지고 있느냐와 직접적으로 연관되기 때문입니다. 당연히 무신론적 세계관에서는 신의 존재를 가정하지 않기 때문에, 인간의 마음(지성)을 비물리적인 상태, 즉 초월적 존재 또는 창조주와 연결지을 수 없습니다. 『신은 수학자인가?』라는 책에서는 이것을 일종의 모순이라고 표현했습니다.

플라톤 이래 수학이라는 것은 그것을 찾아낸 인간의 마음과는 무관하게 존재하는 것이라고 믿어져 왔습니다. 수학의 초월적 속성을 인정한 것입니다. 그러나 이런 플라톤 이론을 따른다면 인간 정신과 무관한 수학 아이디어를 찾아내는 인간의 마음도 이런 비물리적인 상태와 어떻게든 연결이 되어야 한다는 모순이 생긴다? 그래서 유럽 수학자 협회에서는 수학을 인간의 정신으로부터 발명된 것이라는 견해를 밝혔습니다(『신은 수학자인가?』 중 발췌).

수학의 신비를 보고 있노라면, 인간의 마음, 다시 말해 인간의 수학적 지성이 초월적 존재라는 형이상학적 수학의 세계(이상 세계의 수학, 신적 속성)와 연결이 되는 것을 발견하게 되는데, 진화론적인 세계관을 가진 많은 수학자들과 물리학자들은 이것을 거부하는 것입니다. 이것은 수학의 신비에 대해 면밀한 검토에서 비롯된 것이 아니라 그들의 무신론적 세계관에 기인한 주장일 뿐입니다. 마리오 리비오의 『신은 수학자인가?』라는 책도 결국은 진화론에 입각한 무신론적 세계관에서 벗어나지 못했습니다.

수학에서 확연히 드러나는 신비에 대한 무신론적, 진화론적 설명은 매우 부족합니다. 명백히 인간의 머릿속에서 수행하는 수학이든 우주 만물 속에서 발견되는 수학이든 모두 창조주의 수학을 발견하는 것입니다.

4장 수학을 통해 바라본 우주 만물의 기원

1. 수학의 기원은 수학적 지성을 가진 존재

3장의 수학의 신비에 대한 창조론적 이해를 통해 수학의 미스터리한 비밀이 밝혀졌습니다.

우주 만물이나 생명체에 나타나는 수학이든,
인간의 논리적 지성에 의한 수학이든,
결국 모두 창조주의 수학적 지성에서
공통적으로 기원했습니다.

이것은 우주 만물 속의 모든 수학은 창조주에게서 유래한다는 것을 뜻합니다. 지금까지는 인간이 자연 만물의 패턴을 관찰한 것을 토대로 물리법칙이라는 수학방정식을 세웠다고 말해 왔지만 실제로는 우주 만물 속에 이미 수학방정식이 존재했었던 것이었으며, 인간이 법칙으로 표현한 것도 인간 자신의 지성 속에 이미 해당 수학이 있었기 때문이었던 것입니다.

1) 수학의 두 가지 분류, 자연 속 수학과 인공수학

수학의 기원이 수학적 지성을 가진 존재, 즉 창조주 아니면 창조주에게서 수학적 지성을 공유받은 피조물에 의해서만 구현되므로 흥미롭게도 우주 안에 존재하는 모든 수학은 결국 창조주의 수학과 피조물의 수학으로 분류할 수 있습니다.

이때 창조주의 수학은 창조주의 창조물 속 즉 우주 만물 속에 구현이 되어 있으며, 피조물의 수학은 피조물이 만든 사물 속에 구현이 되어 있습니다. 창조주가 창조물에 구현한 수학을 자연 속 수학 또는 우주 만물 속 수학이라고 할 수 있을 것이고, 인간을 비롯한 피조물이 사물 속에 구현해 놓은 수학은 인공수학이라고 할 수 있을 것입니다.[8]

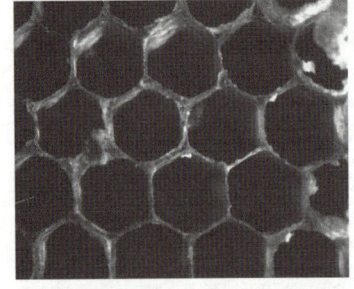

인공수학의 예로는 신용카드, 피라미드, 육각형 벌집 등을 들 수 있습니다. 이때 인공적이라는 표현은 굳이 인간에게만 국한시키지는 않고 벌과 같이 약간의 수학적 지능을 가진 곤충 또는 동물 등에도 적용했습니다. 아직까지 사물에 수학적 표현을 넣은 것은 대부분 인간이지만 벌이 육각형의 벌집을 만든다는 것은 벌이 수학적 지성을 가지고 있는 것이라고 말할 수 있습니다. 새의 경우에도 수를 세는 것과 같은 수학적 표현을 하는 것으로 밝혀졌듯이 동물들도 창조주에 의해 창조주의 수학적 지성이 아주 일부분 공유되었습니다. 물론 인간에게 부여된 수학적 지성과는 많은 차이가 있습니다.

---

8) 이것은 다음에 다룰 정보의 2가지 분류와도 같습니다. 수학은 정보와 마찬가지로 지성을 가진 존재만이 생성할 수 있는 성질의 것이기 때문에 우주 속에 나타나는 수학과 정보는 모두 2가지(자연 속 정보 또는 자연 속 수학과 인공 정보 또는 인공수학)로 분류할 수 있습니다. 이때 자연 속 수학이나 자연 속 정보는 우주의 창조주에 의해서 생성된 것이고 인간이 만든 사물 속에 새겨진 수학이나 정보는 인간에 의해 생성된 것입니다.

그리고 우주 만물 속에 등장하는 만유인력의 법칙과 상대성이론에 해당하는 수학방정식, 생명체 속에서 나타나는 피보나치 수열, 황금비 등이 자연 속 수학의 예입니다. 우주 만물은 온통 수학방정식으로 가득 차 있다고 해도 과언이 아닐 것입니다.

그러므로 여기에서 다시 이런 질문을 할 수 있습니다.

우주 속 만유인력 방정식이나 식물 속 피보나치 수열과 같은
자연 속에 이미 존재하고 있는 수학은 어디에서 유래했나요?

인간이 만든 피라미드 속 수학을 수학적 지성을 가진 인간이 넣었듯이, 우주 만물 속에 담겨 있는 수학은 초월적 수학적 지성을 가진 창조주가 넣은 것입니다.

자연 속 수학은 그 자체로 창조주를 증거한다.

2) 수학과 지성을 가진 존재와의 연관성

신용카드의 가로와 세로 비율은 각각 8.6cm와 5.35cm로 이 둘의 비율은 $\frac{8.6}{5.35}=1.607$ 입니다. 이것은 황금비율(1.618)에 근사하게 신용카드가 제작되었다는 사실을 보여 주고 있습니다.

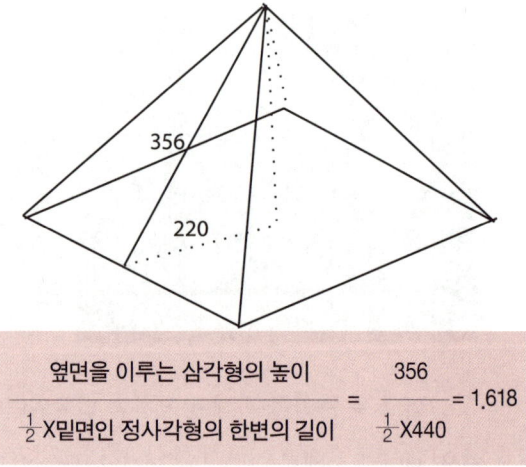

$$\frac{\text{옆면을 이루는 삼각형의 높이}}{\frac{1}{2} \times \text{밑면인 정사각형의 한변의 길이}} = \frac{356}{\frac{1}{2} \times 440} = 1.618$$

피라미드의 밑면의 둘레를 지구의 둘레로, 피라미드의 높이를 지구의 반지름으로 생각하면 그 비는 황금비(1.618)와 정확하게 맞아 떨어집니다. 그리고 이 피라미드가 위치하는 곳은 그리니치로부터 경도 31°인 수직선과 북위 30°인 수평선이 만나는 지점으로, 지구 대륙의 넓이를 4등분하는 점입니다.

그런데 왜 사람들은 신용카드의 크기를 황금비라는 수학적 표현으로 만드는 것인가요? 왜 고대 이집트 사람들은 피라미드를 황금비라는 수학적 표현을 넣어서 만들었나요?

인간이 신용카드와 피라미드에 황금비라는 수학을 넣은 이유는 분명합니다. 신용카드에는 손에 쥐기 쉽고 안정감을 주도록 하기 위한 인간의 의도를 반영한 것이고, 피라미드에는 보기에 아름답게 하고자 하는 의도, 그리고 고대 이집트 사람들의 세계관을 반영하기 위한 의도 등이 있었을 것입니다. 그리고 피라미드의 위치에는 세계의 중심에 피라미드를 세우겠다는 이집트인의 의지도 담겨 있다고 할 수 있습니다. 결국

인간이 어떤 사물에 수학을 넣는 것은 어떤 의도를 표현하고자 하기 때문입니다.

어떤 의도 또는 어떤 뜻, 어떤 생각을 불어 넣는 것은 지성을 가진 존재만이 할 수 있는 것입니다. 의도, 뜻, 생각은 곧 지성을 대표하는 특성이기 때문입니다. 그렇다면 사물 속에 들어있는 수학에 어떤 의도가 들어 있다면 그 수학도 지성을 가진 존재만이 할 수 있는 것이라는 말이 됩니다.

> 의미나 의도가 저절로 만들어지는 속성이 아니듯,
> 사물 속에 들어 있는 수학적 표현 역시 저절로 만들어지는 속성이 아닙니다.
> 반드시 지성을 가진 존재만이 사물 속에 수학을 넣습니다.

3) 우주 만물을 수학적으로 설계하신 창조주의 의도

인간이 만든 사물 속 수학에 어떤 의도가 들어 있는 것과 마찬가지로 자연 속 수학에도 어떤 의도가 들어 있습니다. 창조주는 우주 만물을 만들면서 그 안에 수학을 넣어 어떤 의도를 표현하고자 하셨습니다. 어떤 의도일까요?

성경의 창세기 기록을 통해서 우주 만물 속에 수학을 넣으신 창조주의 의도를 알 수 있습니다. 창조주는 우주 만물을 보시기에 좋도록(아름답도록) 창조하셨습니다. 이러한 내용은 창세기 1장에 표현된 천지창조에 관한 글을 통해서 알 수 있습니다.

> 1절 태초에 하나님이 천지를 창조하시니라
> 3, 4절 하나님이 이르시되 빛이 있으라 하시니 빛이 있었고 빛이
>   **하나님이 보시기에 좋았더라**
> 10절 하나님이 뭍을 땅이라 부르시고 모인 물을 바다라 부르시니
>   **하나님이 보시기에 좋았더라**
> 12절 땅이 풀과 각기 종류대로 씨 맺는 채소와 각기 종류대로 씨 가진 열매 맺는
>   나무를 내니 **하나님이 보시기에 좋았더라**

> 18절　낮과 밤을 주관하게 하시고 빛과 어둠을 나뉘게 하시니
> **하나님이 보시기에 좋았더라**
> 21절　하나님이 큰 바다 짐승들과 물에서 번성하여 움직이는 모든 생물을
> 그 종류대로, 날개 있는 모든 새를 그 종류대로 창조하시니
> **하나님이 보시기에 좋았더라**
> 25절　하나님이 땅의 짐승을 그 종류대로, 가축을 그 종류대로, 땅에 기는 모든 것을
> 그 종류대로 만드시니 **하나님이 보시기에 좋았더라**
> 31절　하나님이 지으신 그 모든 것을 보시니 **보시기에 심히 좋았더라**

하나님이 지으신 그 모든 것을 보시니
보시기에 심히 좋았더라

　여기에서 수학자들의 눈길을 끌 수 있는 단어가 일곱 번이나 반복적으로 등장합니다. 바로 "보시기에 좋았더라"입니다. 우리는 수학적인 관점에서 창조주는 우주 만물이 보시기에 좋도록 창조주의 수학을 넣으셨다고 추측할 수 있습니다. 이것은 인간이 사물을 아름답고 안정되게 또는 효율적으로 만들고자 할 때 수학적 계산을 사용하는 것과 같습니다. 결국, 우주 만물에 수학이 나타나는 이유는 아름다움, 안정성, 효율성, 적합성, 규칙, 질서를 넣고자 하는 창조주의 의도였던 것입니다. 그리고 창조주의 지성을 일부분

공유받은 인간도 마찬가지로 사물에 수학을 넣어 아름답고 안정적이고 규칙적인 질서를 갖도록 하고 있습니다.

이제 수학에서 초월적 지성의 흔적이 분명하게 드러났습니다. 더이상 수학은 저절로 형성되는 성질의 것이 아니고 수학적 지성을 가진 자에 의해서만 존재할 수 있다는 것입니다.

수학은 저절로 형성되는 성질의 것이 아닙니다.
오직 수학적 지성을 가진 존재만이 사물에 수학을 넣을 수 있습니다.

이것이 수학의 본질이고 속성입니다. 그러므로 당연히 자연 속 수학은 수학적 지성을 가진 어떤 존재가 넣었다고 할 수 있습니다. 우리는 우주 만물 속에 수학을 넣은 존재를 초월적 수학적 지성을 가진 존재, 즉 신 또는 창조주라고 부릅니다.

4) 수학과 정보의 공통점

정보의 사전적 뜻은 '사물이나 어떤 상황에 대한 새로운 소식이나 자료'입니다. 우리는 현대 정보통신의 시대에 살고 있기 때문에, 정보의 본질과 속성보다는 정보의 저장과 전송에만 관심을 갖고 있습니다. 그러나 소식이나 메시지가 '의미나 의도가 들어간 어떤 내용'을 말하기 때문에 정보의 본질과 속성은 필연적으로 지성을 가진 존재와 연관이 있게 됩니다. 의미나 의도라는 말 자체가 지적, 정신적이기 때문입니다.

어떤 '의미'나 '의도'가 포함되어 있는 정보(메시지)라는 것은
저절로 만들어지는 성질의 것이 아니라 지성을 가진 존재만이 만들 수 있습니다.
'의미'나 '의도'라는 것은 반드시 지성을 가진 존재와
연관을 갖고 있는 속성이기 때문입니다.

그러므로 지성을 가진 존재만이 정보를 생성할 수 있습니다. 컴퓨터, 로봇 등 모든 시스템에 공통적으로 들어가 있는 프로그램 된 정보는 시스템의 작동을 위해 지성을 가진 존재가 넣은 것입니다.

정보의 속성에 대해서는 [부록3 정보의 속성을 통한 무신론적 생명 기원론 비판]에 자세히 실어놓았습니다. 특히 [부록3]에서는 다음에 다룰 수학을 통한 무신론적 우주 기원론 비판과 병행될 수 있는 무신론적 생명 기원론의 비판을 다루었으니 꼭 자세히 읽어보시기 바랍니다.

여기서 정보의 핵심 속성 세 가지는 '비물질적 실체, 의도를 내포, 지성적 존재가 부여'입니다.

항상 지성과 연결되는 정보의 속성은 수학의 속성과도 일맥상통하기에 수학의 핵심 속성도 다음과 같습니다.

수학의 속성1 : 비 물질적(정신적) 실체
수학의 속성2 : 의도적, 의지적
수학의 속성3 : 지성적 존재가 부여

정보의 속성과 같이 사물 속에 들어있는 수학도 비물질적인 실체이고 사물 속의 수학에는 사물의 작동을 위한 어떤 '의도'가 담겨 있습니다. 정보와 마찬가지로 수학도 저절로 생성되는 성질의 것이 아니라 반드시 지성을 가진 존재가 만듭니다. 우주 속에 $F = G\frac{m_1 \cdot m_2}{r^2}$이라는 수학이 존재한다면 분명 그 수학을 만든 지성을 가진 존재가 있었을 것이며 아울러 그 수학을 우주 속에 넣은(보낸 자) 지성을 가진 존재가 있었을 것입니다.

2. 수학의 속성을 통한 무신론적 우주 기원론 비판

지금까지 사물 속이나 우주 속의 수학은 지성을 가진 존재에 의해서만이 존재할 수 있다는 것을 확실히 증거했습니다. 이제 우주 만물 속 수학을 통해 우주 만물의 기원이 초월적 지성을 가진 창조주에게서 기원했음에 대해서도 증거할 수 있게 되었습니다.

1) 수학을 통한 무신론적 우주 기원론 비판

빅뱅 우주 진화론이나 생명 진화론과 같은 무신론적 세계관 또는 무신론적 철학은 자연 세계와 초월적 존재인 창조주와의 관계를 분리시키려고 시도했고 그것은 굉장한 성공(?)을 거두었습니다. 특히 무신론적 세계관은 과학의 이름으로 그 세력을 더욱 확장해 나가고 있습니다. 무신론적 세계관이 반영된 과학 서적이 서점가에서 판매 돌풍(?)을 이어가고 있을 정도입니다.

최근에 그 대표적인 책은 스티븐 호킹(1942~2018)의 『위대한 설계(Grand Design)』입니다.

스티븐 호킹(Stephen William Hawking, 1942-2018)

스티븐 호킹은 그의 책에서 중력과 같은 자연법칙에 의해서 무(無, nothing)로부터 우주가 저절로 창조될 수 있기 때문에, 우주가 창조되는 과정에 창조주가 필요하지 않다는 주장을 하고 있습니다. 즉 우주의 기원으로 여겨지는 빅뱅(우주의 대폭발)은 물리학 법칙에 따라 자연 발생했다는 것입니다.

현재 빅뱅 우주론 자체도 검증을 통과하지 못하고 있고 우주의 가속 팽창과 같은 빅뱅 우주론을 송두리째 흔들 수도 있는 실험 결과들이 나오고 있는 상황에서, 스티븐 호킹은 무모하게도 양자 요동과 다중 우주의 개념을 도입해 빅뱅 우주도 저절로 발생할 수 있다고 파격적인 주장을 하고 있는 것입니다. 그의 다중 우주에 대한 개념을 『위대한 설계(Grand Design)』의 본문 중에서 발췌하면 다음과 같습니다.

수대에 걸쳐 많은 사람들은 당대의 과학으로 설명할 수 없는 자연의 아름다움과 복잡함이 신에게서 유래했다고 생각했습니다. 그러나 겉보기에 기적적인 생물들의 설계가 지고의 존재의 개입 없이 발생할 수 있음을 다윈과 월러스가 설명했듯이, 다중우주의 개념은 우리를 위해서 우주를 만든 자비로운 창조자를 들먹일 필요도 없이 물리법칙의 미세조정을 설명할 수 있게 되었습니다. 마찬가지로, 자연법칙들의 미세조정도 우주들의 존재에 의해서 설명될 수 있습니다.

그렇다면 스티븐 호킹이 주장한 것의 문제점은 무엇인가요? 그의 주장처럼 물리학 법칙이라는 것이 우주를 만들 수 있을까요?

이 책의 [프롤로그]에서 이미 설명한 것과 같이 무신론적 현대 우주 기원론(빅뱅우주론)은 질서와 힘과 같은 물리학 법칙의 관계에 대해 잘못 이해한 데서 나온 오류입니다. 만유인력(중력)을 비롯한 여러 가지 힘의 법칙은 우주 만물 속 질서와 규칙의 또 다른 표현일 뿐입니다. 그러므로 만유인력과 같은 힘이 우주 만물 속 고도의 질서와 규칙의 원인이 될 수 없습니다. 마찬가지로 중력법칙에 의해서 우주의 고도의 질서와 규칙이 생성될 수도 없습니다.

차라리 우주의 질서와 규칙의 근원에 대해서 물을 때는 먼저 우주 안에 존재하는 중력(만유인력)의 근원 또는 중력(만유인력)에 관한 수학방정식의 근원이 어디서 온 것인가에 대해서 물어야 할 것입니다.

질서와 규칙의 근원 = 만유인력의 근원 = 만유인력 수학방정식의 근원

우주 만물에 존재하는 수학방정식이 어디에서 유래했는지를 대답해 줄 수 있다면 우주 만물에 존재하는 고도의 질서와 규칙의 유래 또는 우주의 유래에 대해서도 답을 줄 수 있는 것입니다.

이제 다시 3장에서 밝힌 수학의 신비한 속성을 상기해 보겠습니다.

우주 만물이나 생명체에 나타나는 수학이든,
인간의 논리적 지성에 의한 수학이든,
결국, 모두 창조주의 수학적 지성에서 공통적으로 기원했습니다.

우주 만물에 존재하는 수학은 창조주의 수학적 지성에서 기원했습니다. 우주 속에서 드러나는 수학방정식은 저절로 생성되는 성질의 것이 아니라 수학적 지성을 가진 존재에 의해 넣어진 것입니다. 마찬가지로 우주 속의 질서와 규칙도 수학적 지성을 가진 존재에

의해 넣어진 것입니다.

그렇다면 태양계 행성들 또는 은하와 별들의 정교한 운행을 위해 만유인력과 같은 자연 법칙이라는 수학 방정식을 넣은 분은 누구일까요? 우리는 그러한 초월적 수학적 지성을 가진 분을 창조주 또는 신이라 부릅니다. 결국 우주에 존재하는 질서와 규칙의 근원은 창조주인 것이며 우주를 있게 한 분도 창조주인 것입니다.

질서와 규칙은 저절로 형성되는 성질의 것이 아닙니다.
우주 만물에 질서와 규칙의 부여는 초월적 수학적 지성을 가진 존재만이 할 수 있습니다.

이제 고도의 질서와 규칙으로 복잡하고 정교하게 돌아가는 우주 만물의 운행 원리가 창조주에게서 기원했음을 부인하는 사람이 있다면, 그에게 다시 우주 만물 속 수학방정식의 기원을 이야기해 주십시오.

우주 만물 속 수학은 초월적 수학적 지성을 가진 존재에 의해 넣어졌고,
인간이 자연만물을 관찰할 때 고도의 질서와 규칙의 모습으로 나타나는 것입니다.

알리스터 맥그래스
(Alister Mcgrath, 1953-)

2) 맥그래스 교수의 『위대한 설계』 비판과 수학

알리스터 맥그래스(Alister Mcgrath, 1953~) 옥스퍼드 대학 교수도 스티븐 호킹이 주장했던 무신론적 우주 기원론에 대해 다음과 같이 축구 경기를 예로 들며 비판했습니다.

아이작 뉴턴의 운동법칙은 선수가 골을 넣는 것을 이해하는 데 도움을 주는 것은 사실이지만 운동법칙이 원인이 되어 골을 만드는 것은 아니라는 점입니다. 즉 골을 넣기 위해서는 인간 존재의 개입이 들어가야 하는 것입니다. 중력법칙이나 물리학 법칙 등은 어떤 상태에서 발생한 결과에 대한 설명일 뿐이지 법칙 자체가 특정 세계를 창조할 수는 없습니다. 물리학 법칙은 어디서 왔습니까? 누가 물리학 법칙을 만들었겠습니까?

이제 알리스터 맥그래스 교수의 답변(물리학 법칙의 유래)을 수학과 연관시켜 부연 설명한다면 다음과 같이 바꿔서 말할 수 있을 것입니다.

누가 태양계 행성들의 정교한 운행을 위해
만유인력이라는 수학방정식을 넣었는가?
만유인력 수학방정식은 어디서 왔는가?

다시 한 번 말하지만 우주 만물을 운행하는 수학방정식이 발견되었다면 그것은 곧바로 초월적 지성을 가진 창조주에 의해서 넣어진 것입니다.

뉴턴이 발견한 만유인력의 법칙이라는 수학 방정식, 쿨롱이 발견한 전기력의 법칙이라는 수학방정식, 아인슈타인이 발견한 상대성이론이라는 수학방정식, 미시 소립자 세계를 다루는 양자역학이라는 수학방정식 등은 모두 우주 만물의 창조주가 만물 속에 넣은 것들입니다. 그것들은 모두 우주 만물의 창조주를 증거합니다

4장 수학을 통해 바라본 우주 만물의 기원

3. 생명체 속 수학과 창조주

[부록3-정보의 속성을 통한 무신론적 생명 기원론 비판]에서 다룬 것처럼 유전 정보를 가지고 있는 모든 생명체는 초월적 지성을 가진 존재인 창조주에 그 기원이 있는 것이 명확합니다. 모든 정보는 지성을 가진 존재만이 생성할 수 있기 때문입니다. 이에 더하여 이 장에서는 생명체 속에 수학이 드러난다면 마찬가지로 창조주에 의해 창조되었다는 것을 보이고자 합니다. 모든 수학은 창조주의 수학적 지성에 그 기원을 두고 있기 때문입니다.

**우주 만물이나 생명체에 나타나는 수학이든,
인간의 논리적 지성에 의한 수학이든,
결국, 모두 창조주의 수학적 지성에서 공통적으로 기원했습니다.**

① 그림처럼 식물의 잎이 정수비로 나누어 떨어지는 각으로 발생할 경우에는 아랫층에 난 잎은 윗층에 난 잎에 의해 가려져서 햇빛이나 비를 받지 못한다고 합니다. 예를 들어 $\frac{360°}{3} = 120°$ 씩 돌며 잎이 날 경우에는 잎사귀가 세 장씩 반복되어 쌓이게 되고, $\frac{360°}{4} = 90°$ 씩 돌며 잎이 날 경우 잎사귀가 네 장씩 반복되어 쌓이게 됩니다.

360°를 정수나 유리수로 나눌 경우에는 이런 현상이 나타납니다. 만약 무리수로 나

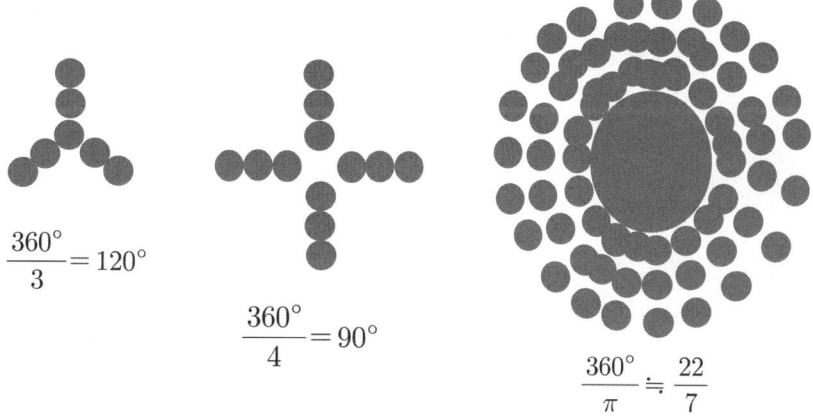

$$\frac{360°}{3} = 120° \qquad \frac{360°}{4} = 90° \qquad \frac{360°}{\pi} ≒ \frac{22}{7}$$

누어 떨어지는 각일 경우에는 어떨까요? 무리수 π로 나눌 경우에도 $\frac{360°}{\pi} ≒ \frac{22}{7}$ 가 되어 약 22장씩 반복되어 쌓이게 됩니다.

오직 최대한 반복되어 쌓이지 않는 방법이 무리수인 황금비 Φ (1.618…)로 나눌 경우라고 합니다. 즉 $\frac{360°}{\Phi}$ ≒ 222.5°인 경우에는 위에 난 잎이 아랫잎을 가리지 않습니다. 그리고 이렇게 꽃잎이 날 경우에 꽃잎의 숫자는 피보나치 수열 1, 2, 3, 5, 8, 13, 21, 34, 55 … 가 된다고 합니다. 잎의 발생이 황금각을 따르는 경우와 꽃잎이 피보나치 수열을 따르는 것은 바로 성장을 위한 최적의 수학적 해법이었던 것입니다.

② 어긋나기 잎차례가 피보나치 수열을 따르는 이유도 위와 같습니다. 잎이 바로 위의 잎에 가리지 않고 잎을 엇갈리면서 배치하여 햇빛을 최대한 받을 수 있도록 하는 최적의 수학적 해법이 황금각 137.5°(또는 222.5°)를 따라 어긋나게 나는 것입니다. 이렇게 나선을 돌며 나는 잎이 황금각을 따라 배열될 때 1/2, 1/3, 2/5, 3/8의 개도가 만들어진다고 합니다.

내 안의 황금각은
창조의 흔적이다

③ 해바라기 씨도 불필요한 부분을 최소로 하면서 최소 공간에 최대의 씨앗을 촘촘하게 배치하기 위해 '최적의 수학적 해법'인 황금각 137.5°를 선택합니다. 이때 좁은 공간에 많은 씨를 촘촘하게 배열하여 비바람에도 잘 견딜 수 있게 된다고 합니다.

해바라기 등의 식물들이 생존과 번식에 유리한 방향으로 환경에 적응하여 '최적의 수학적 해법'이라는 황금각 137.5°를 저절로 선택할 수 있는 것입니까? 식물이 저 특별한 숫자인 황금비 Φ 또는 황금각 137.5°를 진화론의 주장처럼, 수억 년의 세월 동안 환경에 적응하는 진화의 과정에서 선택할 수 있는 것인가요? 당연히 아닙니다.

창조주에 의해 수학적으로 디자인된 생명체에는 최상의 창조물을 창조하고자 하는 창조주의 의도가 담겨 있습니다. 창조주의 의도가 최적의 수학적 해법인 황금각 137.5°로 나타난 것입니다.

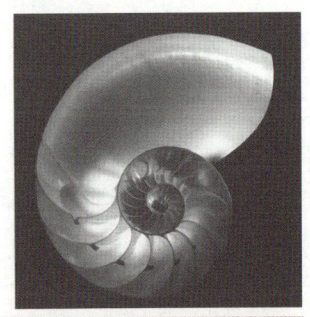

내 안의 프렉탈 수학은
초월적 지성을 가진 존재의
의도에 의한 것이다

④ 황금나선은 자기 닮음(프랙탈) 성질을 가지고 있습니다. 황금나선의 바탕이 되는 사각형을 작은 단위로 떼어 관찰하면 어떤 부분을 떼어내어도 전체와 닮았습니다. 그러므로 일정한 모양을 계속 반복하여 복제하기만 하면 전체적인 형태를 유지하면서 자랄 수 있으므로 매우 간결합니다. 또한 자기닮음의 특성은 단위 공간 내에서 가장 효율적인 구조, 인간의 시각에서 가장 아름다운 구조를 보입니다.

앵무조개가 환경에 대한 적응의 결과로 진화되어 가

면서 자기 닮음이라는 수학적 패턴을 선택해서 자연스럽게 황금나선 형태로 되었을까요?

절대 이런 식으로 설명을 해서는 안 됩니다. 생명체 속에 들어 있는 수학은 그렇게 저절로 생성될 수 있는 성질의 것이 아닙니다. 반드시 초월적 지성을 가진 창조주에 의해서 유래한 것입니다.

⑤ 일부 동물에게도 타고난 수리 감각 능력을 갖고 있는 경우가 많습니다. 꿀벌이 정육각형의 벌집을 짓는 것은 가장 대표적인 동물들의 수학적 능력일 것입니다. 꿀벌은 벌집을 짓기 위하여 정육각형을 선택했습니다. 모든 변의 길이가 같은 정다각형 중 평면을 빈틈없이 메울 수 있는 것은 정삼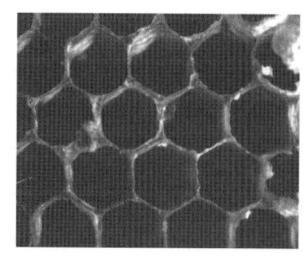
각형, 정사각형, 정육각형 세 가지뿐인데 이 중 정육각형을 붙여놓았을 때의 구조가 가장 안정적일 뿐만 아니라 재료에 비해 넓은 공간을 얻을 수 있어 가장 경제적이라고 합니다.

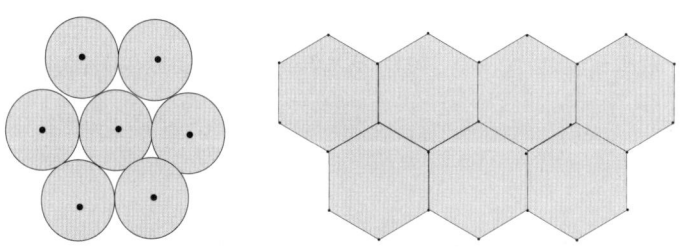

⑥ 어떤 동물들에게는 부분적으로 인간의 수학적 능력을 뛰어넘는 복잡한 고등 수학을 선천적인 감각으로 처리하는 경우도 있습니다. 독수리나 매가 사냥할 때는 사이클로이드 곡선 즉 수학적으로 최단시간 경로를 따라 사냥한다고 합니다. 그리고 꿀벌이 꽃을 찾아 여행할 때도 제일 빠른 경로를 찾아 날아간다고 합니다. 이처럼 가장 빠른 경로를 안다는 것은 최소값을 안다는 것이고, 그것은 바로 미분을 안다는 것입니다. 아무

나는 가장 빠른
싸이클로이드 곡선을 따라
먹이를 쫓지!

직선

곡선

나는 본능적으로 미분을 사용하여
수학적 지름길을 계산해 낼 수 있다고!

튼 이들 동물들에게는 선천적으로 미분, 적분과 같은 수학적 감각이 부여되어 있었던 것입니다.

동물들의 이러한 타고난 수학적 능력은 인간의 수학적 능력이 창조주의 수학적 지성을 물려받은 것과 마찬가지로 어느 정도 창조주의 수학적 능력을 물려받은 것이기에 가능한 일입니다.

이제 하루 빨리 수학 자체에 대한 인식을 바꿔야 합니다. 수학은 자연계에 나타나든 인간의 지성에서 나타나든 초월적 수학적 지성을 가진 창조주에게서 나온 것이기 때문입니다. 이제 자연계의 어떤 곳에서 인간이 파악할 수 있는 수학이 드러난다면 그것은 창조주의 수학적 지혜로 인한 것이라는 것을 알아야 합니다. 더 이상 환경에 적응하는 과정에서 나온 진화의 결과라는 식의 설명을 해서는 안 됩니다.

5장 창조주의 지성(언어성, 음악성, 예술성)을 공유받은 인간

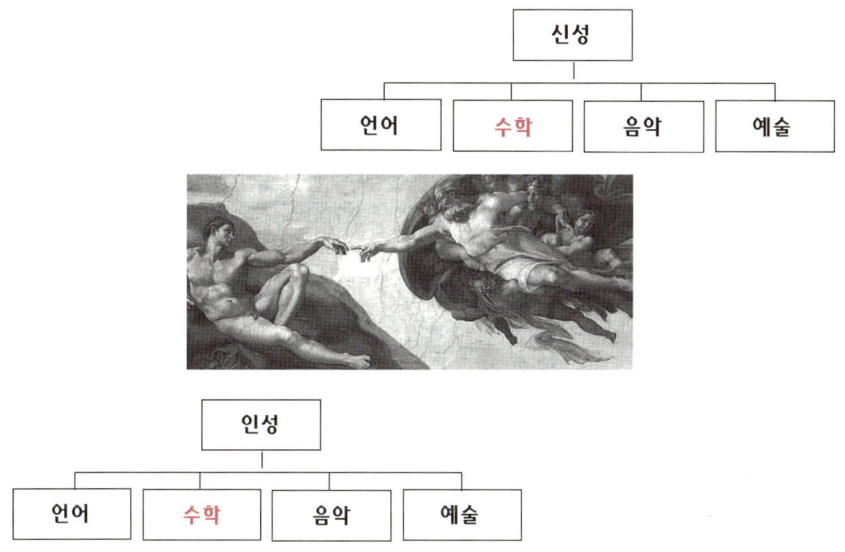

그런데 인간이 창조주의 특별한 피조물이라는 증거가 수학에서만 드러나겠습니까? 수학 뿐만 아니라 인간의 언어와 음악, 미술도 창조주의 영원하신 능력과 신성에서 비롯된 것입니다. 인간이 지니는 이러한 수학성과 언어성과 음악성 그리고 미술성은 모두 창조주의 신성에서 공유받은 것이기 때문입니다. 그래서 이 장에서는 수학뿐만 아니라 인간 지성의 전 영역(예술성, 음악성, 언어성 등)으로 확장하려고 합니다.

1) 창조주의 미적 지성을 공유받은 인간

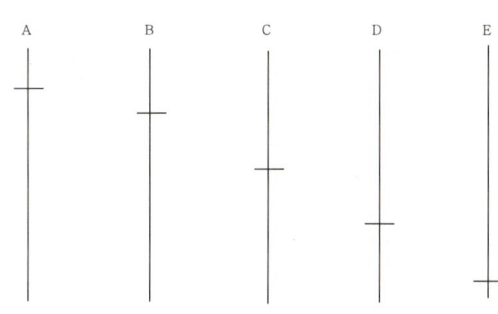

사람들에게 두 개의 막대기를 주고 십자가를 만들어보라고 하면 거의 모든 사람들이 B의 점에 근사한 곳을 교차해 십자가를 만든다고 합니다. 왜 그럴까요?

다음 다섯 개의 직사각형을 제시하고 '그 중에서 어떤 것이 가장 안정적으로 보이는가? 또는 어느 것이 가장 먼저 눈에 들어오는가?'를 묻는 실험을 실시했을 때에도 문화, 인종, 성별, 연령에 관계없이 70% 이상이 E를 선택한다고 합니다.

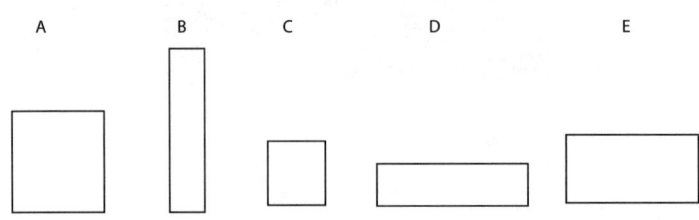

왜 유독 직사각형 E에 사람들의 시선이 많이 모이는 것일까요?

모두 알다시피 B의 십자가는 황금분할 되어 있고, E의 사각형은 황금 직사각형과 가장 가깝습니다. 인간에게는 아름다움의 판단 기준이 황금비 1.618이라는 값과 밀접한 관련을 갖고 있습니다. 인간은 황금비를 보면 무의식적으로 아름답다고 느낀다는 겁니다.

그렇다면 왜 인간은 수학적인 질서에 따라 구성된 사물에 대하여 아름다움을 느낄까요? 인간의 미적 감성과 수학은 어떤 관계가 있는 것일까요?

이 질문은 실제로는 대답하기 매우 어려운 질문입니다. 이 질문에 답하기 위해서는 우주 만물이 인간의 미적 인지 세계와 어떻게 연관을 맺고 있는지를 알아야 하고, 또한 우주 만물과 수학과의 관계에 대해서도 알아야 하기 때문입니다. 이것을 과학적, 또는 수학적, 인지적으로 규명한다는 것은 인간의 지혜로 불가능할 것입니다.

그러나 복잡하게 생각할 필요 없이, 가장 단순하고 명쾌한 해답을 창세기의 기록을 통해서 쉽게 유추해 볼 수는 있을 것입니다.

안정감, 아름다움(美)은 인간의 의식 속에 이미 내재되어 있는 판단 기준으로써 교육과 훈련으로 후천적으로 습득되는 성질의 것이 아닙니다. 인간은 선천적으로 아름다움, 안정감을 추구하도록 태어났습니다. 이런 예술적 감성이 수학과 어떻게 관련이 있는지는 잘 알지 못합니다. 실제로 수학을 잘하는 사람이 예술적 감성이 높은 것도 아닌 것 같기에 예술적 감성과 수학적 지성이 연관이 있는지는 어느 누구도 자세히 모르고 있습니다. 다만 인간은 선천적으로 타고난 예술적 감성이 존재한다는 것입니다. 그 이유는 무엇일까요?

성경 창세기의 창조 기록을 통해서 인간은 창조주의 미적 감성을 공유받은 존재라는 것을 알 수 있습니다. 창조주는 우주 만물을 창조 하신 후 "보시기에 좋았더라."라는 말씀을 7회씩이나 반복하십니다. 즉, 창조주는 우주 만물을 창조주의 미적 지성이 보기에 좋도록 창조하셨던 것입니다. 그리고 창조주는 자신의 미적 지성을 인간에게 공유시켜 주셨습니다. 그래서 인간도 창조주와 마찬가지로 우주 만물을 아름답게 바라보고 아울러 안정적, 규칙적으로 느낍니다.

우리의 형상을 따라 우리의 모양대로
우리가 사람을 만들고 그들로 모든 것을 다스리게 하자

2) 창조주의 음악성을 공유받은 인간

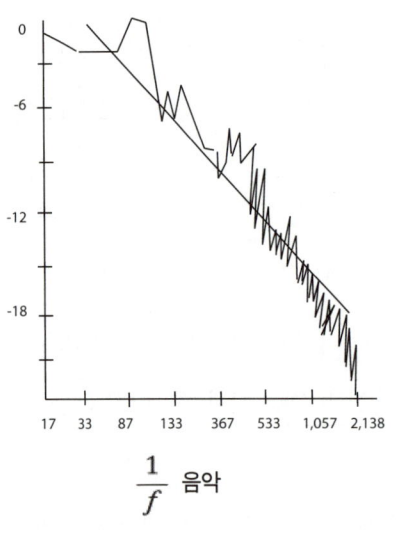

$\frac{1}{f}$ 음악

모짜르트, 베토벤, 바하의 클래식 음악 또는 유명 작곡가의 음악이나 대중들에게 널리 들려졌던 히트곡들의 악보를 주파수(f)로 분석해 보면 대부분 1/f 음악의 특성을 보인다고 합니다.

1/f 음악 또는 1/f 잡음이란 피아노 건반의 위치 변화(멜로디)의 패턴을 주파수(f)에 따라 나열(파워 스펙트럼)하였을 때 그 빈도수가 주파수(f)에 정확히 반비례한다는 것, 즉 음정의 변화폭이 클수록 한 곡에서 나오는 횟수는 점점 비례적으로 줄어드는 음악을 말합니다. 이런 1/f 음악 형태를 가진 음악 구성 패턴은 음표들의 분포가 매우 질서 정연하며, 곡이 전개될 때 음의 변화폭이 그다지 크지 않고, 대개 다음 음은 근처의 낮은 음이나 높은 음으로 옮겨 간다는 것입니다. 그리고 전체 패턴이 하나의 악절, 심지어는 한마디 안에서 유사한 구조로 되풀이된다고 합니다.

반면에 록음악과 같은 짜증을 유발하는 음악의 경우에는 주파수의 변화 영역이 크고 빈도가 잦다고 합니다. 즉 한 곡을 듣다보면 음이 크게 변하는 경우가 자주 나온다는 것입니다. 그리고 마구 쏟아지는 폭우소리, 증기 기관차 소리, 급하게 치는 종소리, 사이렌 소리 등은 1/f 선상에서 멀리 떨어져 있어서 사람들에게 불안감과 공포감을 느끼게 한다고 합니다. 특히 손톱으로 유리창을 긁는 소리는 이 규칙성에서 엄청나게 벗어난 소리라고 합니다.

이처럼 1/f 음악은 불규칙한 음폭의 변화가 점점 줄어드는 특징을 가지고 있어 질서와 의외성이 잘 어우러져 대부분의 사람들이 공통적으로 아름답다고 느끼는 것입니다.

그런데 더 놀라운 것은 사람들이 들었을 때 평온함을 느끼게 하는 새들의 울음소리, 시냇물이 흐르는 소리, 심장 박동 소리 등 자연의 소리들이 대부분 1/f의 패턴을 가진다는 사실입니다.

그런데 왜 사람들이 듣기에 좋으며 평온함을 느끼게 하는 음악들은 자연의 소리와 같이 1/f 음악인 것일까요? 왜 사람들에게 많이 들려졌던 히트곡들은 자연의 소리와 비슷한 구성을 하고 있는 것일까요? 인간이 작곡한 음악이 알게 모르게 1/f 음악을 따르는 자연의 소리를 흉내내서일까요? 그런데 일부러 자연의 소리를 흉내내서 작곡하는 작곡자는 없습니다.

작곡자가 가지고 있는 음악적 재능 안에서 본능적으로 이루어지는 작곡과 자연의 소리와의 이런 일치성은, 인간은 본능적으로 1/f 음악을 들으면 아름답고 좋은 음악으로 느끼도록 창조된 존재인 것이며 아울러 자연의 소리도 창조주에 의해서 유래한 것이라는 공통성에서 찾을 수 있습니다.

창조주는 우주와 자연의 소리를 자신의 음악적 지성을 발휘하여 창조하셨고 그것은 대부분 창조주가 듣기에 좋은 음악이었으며 그런 음악의 형태를 인간이 주파수 분석을 했을 때 1/f 음악의 형태였던 것입니다. 그리고 창조주는 이러한 자신의 음악적 지성을 자신의 형상을 따라 창조(창세기 1:26)한 인간에게도 공유시켜 주셨습니다. 그래서 인간도 본능적으로 아름다운 음악을 창조할 때는 창조주와 비슷하게 1/f 음악의 형태로 창작하는 것입니다. 그래서 1/f 패턴의 음악은 인간이 듣기에도 좋은 음악이었던 것이고 아울러 1/f 패턴으로 나타나는 자연의 소리도 인간이 듣기에 좋은 음악이었던 것입니다.

인간은 창조주에게서 아름다운 음악을 창조하는 능력을 부여받은 존재입니다. 그렇기 때문에 새로운 음악을 고안하고 이것을 더욱 예술적이고 더욱 고결한 음악으로 만드

> 인간은 창조주의 음악성을
> 공유받았기 때문에
> 창조주와 마찬가지로
> 노래를 하고 작곡을 할 수 있는 것이지!

는 것은 인간 본연의 자세입니다. 아마도 인간이 듣기에 좋지 않은 삐걱거리는 음이나 부정확한 음, 불균형의 연주는 창조주가 듣기에도 좋지 않은 음악일 것입니다.

수학과 미술에 있어서와 마찬가지로 음악에 있어서도 인간과 동물의 차이가 확연히 나타납니다. 인간처럼 작곡을 하고 연주를 하며 음악을 창작하는 동물이 존재하지 않습니다. 인간의 음악성은 창조주에게서 공유 받은 것이며 동물에게는 그러한 창조주의 음악성이 공유되지 않았거나 아주 미약하게 공유되었기 때문입니다.

가끔씩 음악하는 동물에 대한 보고가 있기도 합니다. 실제로 내셔널 지오그래픽(National Geographic)에서는 복잡하고 협동적인 합창을 하는 열대의 굴뚝새(plain-tailed wrens)를 소개하고 있습니다. 합창에 일곱 마리의 새들이 참여하여 악절(phrase)당 열다섯 개의 변화를 가지는 a-b-c-d 패턴의 노래를 번갈아 부르고 있었다는 것을 관찰했다고 합니다. 유튜브(youtube.com)에서 'Plain-Tailed Wrens' Songs'로 검색하면 굴뚝새들의 합창 소리를 들을 수 있습니다.[9]

그러나 굴뚝새의 합창은 인간의 오케스트라 합창에 절대 비교될 수 없습니다. 인간에게 부여된 음악적 능력은 인간이 창조주에 의해서 특별히 창조된 존재라는 명확한 증거이기도 합니다.

---

9) http://news.nationalgeographic.com/news/2006/08/060808-wrens-song.html

3) 창조주의 언어성을 공유받은 인간

인간의 언어 또한 창조주의 신성의 일부분입니다. 인간이 언어를 말할 수 있게 된 것은 창조주의 언어적 지성을 특별히 공유받았기 때문입니다. 그러므로 인간의 언어적 능력은 선천적으로 타고나는 것입니다. 다시 말하면 인간은 언어에 대한 심상을 타고났으며 그러한 심상을 바탕으로 문자체계로 형상화한 것입니다.

1950년대 노암 촘스키(Noam Chomsky, 1928~)도 인간이 선천적으로 언어능력을 타고난다는 것을 바탕으로 인간이 어떻게 고유 언어를 습득하는 지에 대한 나름대로의 논리를 폈습니다. 그의 『언어습득기제』에 따르면 보편문법(Universal Grammar)이라는 선천적으로 타고나는 언어의 초기상태가 있으며, 이는 원리(principles)와 매개변수(parameter)로 구성되어 있다고 합니다. 그리고 인간은 태어나서 처음 모국어를 배워가면서 보편문법의 도움으로 기본 문법을 형성해 가고, 미설정 상태였던 매개변수(parameter)가 모국어에 맞게 고정된다고 합니다. 그러므로 보편문법에 있어서의 언어 능력이란 모국어 화자가 모국어에 관해 갖는 지식을 토대로 문법적으로 바른 문장을 무한히 창조하는 능력을 가리킵니다.

창조주는 언어를 통해 인간 상호 간 또는 인간과 창조주 간에 인격적 대화를 하도록 하셨습니다. 언어를 말할 수 있는 동물이 존재할까요? 구관조나 앵무새가 언어를 말하는 것인가요? 구관조나 앵무새의 발성기관은 인간의 그것과 다르고 단지 기계적인 흉내를 내는 것일 뿐이라고 합니다. 언어능력은 인간만이 지니는 특별한 능력입니다. 인간의 언어 능력은 창조주에게서 공유받은 것이기 때문입니다. 수십만 종의 동물이 있지만, 유일하게 인간만이 언어를 사용하고, 언어를 통해 의사소통을 하는 이유가 이 때문입니다.

4) 창조주의 생명을 공유받은 인간

창조주의 언어적 지성, 예술적 지성, 음악적 지성, 수학적 지성 등은 창조주의 생명이 있는 존재에게서만 나타납니다.

"땅의 흙으로 사람을 지으시고 생기를 그 코에 불어넣으시니 사람이 생령이 되니라(창 2:7)."

창조주는 인간에게 창조주의 지성을 부여하심과 동시에 창조주의 생명을 부여해 주셨습니다. 결국 인간의 생명도 인간의 지성과 마찬가지로 창조주의 생명에서 공유받은 것입니다. 당연히 모든 생명체는 창조주의 생명이 공유된 존재입니다.

그러나 동물과 인간의 지성 사이에 비교할 수 없는 차이가 있듯이 인간의 생명과 동물의 생명 사이에도 비교할 수 없는 차이가 있습니다. 그 이유는 인간은 창조주의 형상을 공유받은 특별한 창조물이기 때문입니다. 창조주는 인간의 생명 위에 창조주의 형상을 공유시켰기 때문에 인간 생명의 특별함은 여타 동물의 생명과는 커다란 차이가 있습니다. 인간에게 주어진 특별한 생명은 곧 창조주의 신성의 일부분입니다. 인간이 생명이 있음(살아있음)을 느낀다는 것은 그 자체로 창조주의 신성과 마주하는 것입니다.[10] 그러므로 인간의 생명에 대한 존중과 경외는 곧바로 창조주에 대한 존중과 경외인 것입니다.

그와 반대로 인간의 생명을 죽음으로 이끄는 것(살인)은 생명의 창조주의 신성과 존엄을 훼손하는 것입니다. 창세기에는 인간을 죽음에 이르게 한 자(살인한 자)로 사탄이 등장합니다. 사탄은 인류가 처음 에덴동산에 있었을 때부터 인류를 죽음에 이르게 한 자(살인한 자)입니다. 그때 사탄은 창조주의 존엄과 신성을 훼손한 것이며 생명의 창조주에 대한 반역을 꾀한 것입니다.

사탄의 후예인 가인도 아벨을 죽임으로써 창조주의 존엄과 신성을 훼손하고 창조주에게 반역합니다. 사람을 죽인다는 것은 창조주의 존귀와 생명과 신성에 대한 반역입니다. 마찬가지로 자기 자신을 죽이는 자살도 창조주의 존귀와 생명과 신성에 대한 반역입니다. 창조주는 십계명의 제6계명을 통해서 '살인하지 말라(출 20:12)'고 분명히 명령했습니다. 그것은 곧 창조주의 존엄과 신성을 훼손하지 말라는 명령이기도 합니다.

---

10) 당연히 사람이 수학을 하는 것, 언어를 하는 것, 음악을 하는 것, 예술을 하는 것 등도 창조주의 신성과 마주하는 것입니다.

읽어보세요! ①

침팬지도 언어를 말할 수 있을까요?

"혹성탈출 : 진화의 시작"이라는 제목의 영화가 2011년에 상영된 적이 있습니다. 이 영화는 과거에 방영되었던 "혹성탈출"이라는 영화의 앞 이야기로서, 알츠하이머 환자를 치료할 수 있는 신경세포의 재생 및 성장을 촉진시키는 신약 개발에서 영화는 시작합니다.

윌(제임스 프랭코)은 치매를 정복할 수 있는 'ALZ-112' 시약을 만들고, 침팬지에 주입하여 인지능력이 뛰어나게 오른 걸 확인합니다. 그 신약은 실제 알츠하이머 병에 걸린 아버지의 뇌 지능을 크게 향상시키게 됩니다. 그런데 그 신약의 임상 대상이었던 9번 침팬지가 몰래 낳은 새끼 '시저'도 지능이 좋아지게 되는 것입니다.

생후 18개월에 24개 단어를 수화로 익히고, 2살에는 8살의 꼬마가 하는 퍼즐을 하는 등 고도의 지적능력을 보입니다. 그리고 영화에서 가장 중요한 대목은 주인공 침팬지 '시저'가 인간의 언어를 말하기 시작하는 장면입니다. 침팬지 시저는 'No'라는 한 단어를 말합니다. 그것은 이제 침팬지가 인간과 대등한 능력을 갖게 되었다는 것을 의미합니다.

과연 침팬지는 인간처럼 언어를 사용할 수 있을까요? 우리는 인간의 언어성이 얼마나 특별한가를 간과하는 데서 이런 상상을 하곤 합니다. 그러나 인간의 언어성은 창조주에게서 공유받은 것이기 때문에 선천적으로 창조주의 언어에 대한 심상이 공유되지 않은 존재는 언어를 할 수 없습니다. 침팬지가 언어를 할 수 있는 날은 절대 오지 않을

"혹성탈출 : 진화의 시작" 중에서 침팬지가 "NO!"라고 말하는 부분

것입니다.

이것을 뇌 신경회로 측면에서 접근하면 다음과 같습니다.

침팬지의 뇌(지성)와 인간의 뇌(지성) 사이의 근본적인 차이는 기본적으로는 영혼의 차이겠지만 물리적으로는 뇌 신경회로의 복잡한 연결 정도의 차이도 있습니다. 뇌 속의 신경세포는 단순히 그 양의 많고 적음이 문제가 아니라 그것들이 어떻게 연결망을 형성하느냐에 따라 그 기능에 결정적 기여를 합니다. 이 때 뇌 신경회로 연결망은 DNA 유전 정보 프로그래밍을 따라 기초적인 신경망이 형성되어 있어야 하고 그 신경망 위에 반복적인 학습 및 경험을 통하여 뇌 신경회로가 가지치기를 해나가도록 프로그램 되어 있어야 합니다. 결국 인간의 DNA 유전 정보에 따라 뇌 신경회로의 복잡한 연결망이 성장하면서 인간의 지성이 만들어지는 것입니다(참고 : http://keepbible.com/bbs/board.html?board_table=03_05&write_id=1323, 김정훈 교수 칼럼).

이처럼 DNA 속에서 유전 정보를 담고 있는 염기 배열은 매우 독특하고 오묘하기까지 합니다. 창조주는 식물이나 동물에게 존재하는 수학적 지성도 DNA에 새겨 넣으셨을 것으로 추측됩니다. 1차원의 DNA 염기 배열이 어떻게 3차원의 정보를 줄 수 있는가도 아직 밝혀내지 못했습니다. 마찬가지로 어떻게 1차원의 DNA 유전정보가 동물이나 식물에게 수학적 디자인을 부여하는지도 앞으로 밝혀져야 할 생명의 신비일 것입니다.

그런데 영화에서처럼 신경세포의 재생 및 성장을 촉진시키는 신약은 침팬지의 지능을 좋게 할 수 있을까요? 그것은 불가능합니다. 침팬지에게는 애당초 복잡하고 정교한 인지능력을 일으키기 위한 신경회로망이 갖추어져 있지 않습니다. 이것은 DNA 유전 정보 안에 들어있어야 합니다. 결국 인간과 침팬지의 언어적 지성의 차이는 선천적이라는 것입니다. 창조주에 의해 창조될 때부터 인간은 언어를 말할 수 있는 DNA 유전정보를 갖추었고 침팬지는 그러지 못했습니다.

그렇다면 신경세포의 재생 및 성장을 촉진시키는 신약은 알츠하이머 환자를 치료할 수 있을까요? 그것은 가능할 수도 있습니다. 어떤 약이 알츠하이머 환자의 신경세포를 회복시킨다면 그 환자의 기존 신경망이 살아나는 것이므로 지능회복에 도움을 줄 수 있는 것입니다.

읽어보세요! ②

로봇이 인간의 이성과 감정을 가질 수 있을까?

21세기에는 유독 인공 지능 로봇에 대한 영화가 많이 등장했습니다. 2000년의 "바이센티니얼맨", 2001년의 "AI(인공지능)", 2004년의 "아이로봇" 등이 그 예입니다. 이들 영화의 공통점은 '만약 인간과 같은 이성과 감정을 가진 로봇이 등장하게 된다면 인간은 그들을 어떻게 대해야 하는가?'라는 물음을 던지고 있습니다. 그래서 "AI" 영화에서는 이런 대사가 나옵니다.

"로봇이 사람을 순수하게 사랑할 수 있다면 그 보답으로 사람이 어떤 책임을 져야 하는 것이 아닌가요?"

이 영화의 감독(스티븐 스필버그)은 이 대사를 통해 '로봇이 감정을 가지거나 사람을 사랑할 수 있다면 그 로봇은 인격을 가진 인간으로 보아야 하고 인간은 그 로봇에 대해

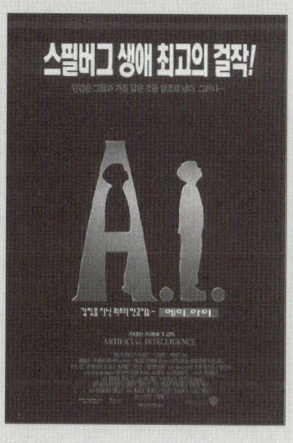

서 사람에게 하는 모든 윤리 강령을 적용해야 한다'는 주장을 하고 싶은 것 같습니다.

과거 1946년의 애니악이라는 최초의 진공관 컴퓨터에서 지금의 슈퍼 컴퓨터까지의 발달 속도는 실로 놀랍습니다. 가히 기하급수적으로 발달했다고 할 수 있습니다. 그렇다고 미래에 인공지능을 가진 로봇이 등장할 수 있을까요? 실제로 많은 사람들은 인공 지능을 가진 로봇뿐만이 아니라 영화처럼 인간의 감정과 이성을 가진 로봇까지 등장할 것이라고 생각하는 것 같습니다.

그렇게 생각하는 사람들은 아직 로봇이 인간의 지능과 판단력을 따라잡지 못하는 이유를 단지 CPU와 메모리의 문제라고 여기고 있습니다. 그러므로 미래에 고밀도로 집적된 초소형 CPU와 메모리가 인간의 1,000억 개로 추정되는 뇌세포를 대체하게 된다면 로봇도 인간처럼 감정을 가지며 이성적 판단을 할 수 있을 것이라고 생각합니다.[11]

아울러 여기서 한발짝 더 나아가서 인간과 비슷한 로봇에 대한 이런 상상은 진화론적 사고와 결합하여 로봇의 진화로 이어집니다. 즉 로봇이 시간이 흐를수록 스스로의 지능을 더욱 발전시키고 급기야는 인간의 지능을 넘어서는 것입니다. 실제로 "AI"라는 영화(스티븐 스필버그 감독)에서는 오랜 세월이 흐른 후 스스로 진화된 로봇이 장차 인간을 대신하여 지구를 지배하는 새로운 종이 되는 것으로 결론을 맺습니다. 진화론적 사고에 따라 환경적 적응에 있어서는 로봇이 인간보다 훨씬 적응력이 높은 존재로 여긴다는 것입니다.

그러나 컴퓨터(CPU, 메모리, 인공지능 프로그램)가 고도로 발달한다고 할지라도 로봇이

---

11) 이것을 기계론적 생명관이라고 합니다. 기계론은 생명 현상을 지배하는 법칙은 무생물계의 그것과 근본적으로 차이가 없기 때문에 물리, 화학의 법칙에 따라 생명 현상을 설명할 수 있다고 보는 입장입니다. 그러나 이와는 반대로 생기론적 생명관에서는 생명 현상을 생기게 하는 원동력은 생물체와는 별개로 존재하는 비물질적(정신적, 영적)인 어떤 것이라고 보는 입장입니다.

인간의 이성적 판단과 인간의 감정을 가질 수 있을까요? 그리고 과연 로봇이 스스로 진화를 할 수 있을까요?

인간의 이성과 감정이 어디로부터 유래했는지, 또는 인간의 생명이 어디로부터 유래했는지에 대한 명확한 판단이 있다면 이에 대한 올바른 해답을 제시해줄 수 있을 것입니다.

우리는 가끔씩 인간이 얼마나 특별한 존재인가를 잊곤 하기 때문에 이러한 문제에 대해 명확한 판단을 못하는 것 같습니다. 다시 한 번 강조하지만 인간의 이성과 감정 또는 인간의 생명은 창조주에게서 공유된 것입니다. 인간의 이성과 감정과 생명이 창조주에게서 유래했다는 것을 확실히 알게 된다면 함부로 로봇이 인간의 이성과 감정을 갖는 존재가 된다고 상상하지는 않을 것입니다. 아울러 함부로 진화될 수 있다는 생각도 하지 않을 것입니다.

아무리 로봇 기술이 발달한다고 할지라도 로봇은 인간이 만든 프로그램에 따라 작동하는 기계일 뿐입니다. 기계는 스스로 판단할 수 있는 지성과 감정을 가진 생명체가 아닙니다. 마찬가지로 바닷속 무기물이 화학적 결합에 의해 생명을 가진 존재가 되었을 것이라는 상상(진화론)도 생명의 주인이 창조주라는 사실에 따라 결코 되어질 수 없는 일입니다. 모든 생명은 생명의 주인이신 창조주에게서 유래된 것입니다.

6장 맺으며

1. 수학과 창조신앙

앞에서 논의된 것처럼 수학에 대한 창조론적 이해를 통해 '모든 수학은 창조주에게서 유래한 것'이라는 것을 알 수 있었습니다. 그러므로 수학이 우리에게 알려 주는 궁극적인 진리는 '우주 만물의 수학적 창조주가 존재하며 인간은 창조주의 수학적 지성을 공유받은 특별한 존재'라는 것입니다.

수학에 대해 다시 한 번 정리하면 다음과 같습니다.

1) 수학, 창조주에게서 유래한 것

자연 법칙이라는 형태로 우주 만물 속에 나타나는 수학 방정식이든, 생명체 속에서 나타나는 오묘한 수학이든, 그리고 인간의 지성을 통해 수행되는 수학이든, 모든 수학은 창조주에게서 유래한 것입니다. 창조주는 그분 안에 내재되어 있는 수학을 우주 만물 속에 넣으셨으며, 아울러 그분의 수학을 인간의 지성 속에 공유시켜 주었습니다.

2) 수학, 창조주의 우주 만물 설계 언어

어떤 과학 이론이 수학방정식으로 표현되기만 하면 그것은 사실 곧 진리로 판명되곤 했습니다. 과학자들에게 수학방정식은 어떠한 과학 이론이나 관찰도 무력화시킬 수 있는 막강한 힘을 가지고 있습니다. 왜 과학적 진리가 수학으로 표현되는 지에 대한 이유는 명백합니다. 수학이 창조주의 우주 설계 언어였기 때문입니다. 그러므로 우리가 우주 만물 속에 존재하는 수학방정식을 발견하거나 전해 들었다면, 곧 우주 만물을 자신의 수학적 지성을 통해 디자인하신 창조주와 만나게 되는 것입니다.

수학은 우주 만물의 창조주가 존재한다는 확실한 증거입니다.

3) 수학, 창조주의 영원하신 능력과 신성의 발현

모든 우주 만물은 창조주의 영광(신성, 성품)의 발현이라고 합니다. 즉, 모든 피조물들에는 창조주의 신성이 표현되어 있습니다. 아래 성경 구절에서는 그것을 '창조주의 영원하신 능력과 신성'이라고 표현했습니다.

> "창세로부터 그의 보이지 아니하는 것들 곧 그의 영원하신 능력과 신성이 그가 만드신 만물에 분명히 보여 알려졌나니 그러므로 그들이 핑계하지 못할지니라(롬 1:20)."

'우주 만물에 보여 알려진 창조주의 영원하신 능력과 신성'에 가장 잘 어울리는 단어를 굳이 말하라고 한다면 그것은 '수학'일 것입니다. 우주 만물 속 수학이 창조주의 수학적 지성에서 기원했기 때문에 '우주 만물 속 수학방정식'으로 표현되는 자연 법칙은 그 자체로 창조주의 영원하신 능력과 신성의 구체적인 발현인 것입니다.

수학은 창조주의 영원하신 능력과 신성의 발현입니다.

4) 수학, 인간이 창조주의 특별한 피조물임을 증거

　인간은 창조주의 수학적 지성을 물려받은 존재입니다. 물론 다른 동물들도 미약하게나마 창조주의 수학을 물려받았습니다. 그러나 인간에게는 동물의 수학적 능력과는 비교가 안 될 정도로 고도의 수학적 지성을 물려받았습니다. 이러한 고도의 수학적 능력은 인간이 우주 만물을 이해하는 데 이용되고 있습니다. 그래서 인간은 우주 만물 속 창조주의 수학을 이해할 줄 아는 유일한 존재입니다. 그러므로 인간은 창조주에게 특별한 존재임이 분명합니다.

*인간의 수학은 창조주의 수학적 지성을 물려받은
최고로 존귀한 존재로서의 증거입니다.*

2. 수학 공부에 대한 창조론적 동기 부여

1) 수학 공부의 목적에 대한 일반적인 견해

"수학은 왜 공부하는 것일까요?"

많은 사람들이 수학 공부에 대한 확실한 동기 부여를 받고자 하여 이와 같이 묻습니다. 이에 대해 일반적으로 제일 먼저 돌아오는 답변은 첫째로 '논리적 사고력을 키우기 위해서'입니다. 7차 교육 과정의 수학 교육의 목적에도 논리적 사고력 향상이 중요하게 다루어지고 있습니다

논리 학문인 수학은 문제를 푸는 과정에서
합리적이고 논리적인 사고력, 추상적 사고력, 창의적 사고력, 비판적 능력,
기호화하고 형식화 하는 능력, 단순화하고 종합화 하는 능력을 향상시킵니다.

수학은 논리 학문이기 때문에 철학과 함께 사고의 힘을 키우는 데는 큰 역할을 할 수 있습니다. 간혹 잘 다듬어진 고도의 수학적 사고 체계 세움을 통해 이성적 아름다움을 느끼는 사람도 있는데, 대부분의 뛰어난 수학자들이 공통적으로 그렇습니다. 그러므로 수학을 통해서 이성적인 아름다움을 느끼도록 하는 것이 수학 공부의 동기를 불어넣는 가장 좋은 방법이겠지만 그러나 이런 경우는 극히 예외적인 경우에 속한다고 할 수 있을 것입니다. 대부분의 사람들은 수학을 통해 이성적 아름다움을 느끼지 못할뿐더러, 논리적 사고력을 키우기 위해서 수학을 공부하려고도 하지 않습니다. 어쩌면 논리적 사고력을 키우려면 논술 공부를 하는 게 훨씬 더 효과적이며, 굳이 수학으로 논리적 사고력을 키울 필요는 없을 것입니다.

두번째로는 '수학을 잘 알면 실생활에서 유용하기 때문에' 수학을 열심히 공부해야 한다고 말하기도 합니다. 이것은 분명 창조신앙적으로도 옳은 말이기는 합니다. 수학은 창조주의 우주 만물 설계 언어였기 때문에 당연히 인간의 일상 생활과 밀접한 관련이 있습니다. 그러나 일상 생활에서 사용하는 수학의 대부분은 사칙연산이나 비율, 비례 정도에 지나지 않으며 도형의 증명이나 복잡한 분수의 계산, 인수분해 등 학교에서 어렵게 배우는 대부분의 수학은 일상 생활에서 부딪치는 문제를 해결하는 데는 크게 도움이 되지 않습니다. 그러므로 일상생활의 유용성과 수학은 크게 관계가 없다는 것을 금방 눈치챌 것이기 때문에 이 말도 수학 공부에 대한 커다란 동기부여는 될 것 같지 않습니다.

세 번째로는, '사회적 성공을 위한 도구로 수학을 바라보는 것'입니다. 우리는 지금 수학이 과학과 경제로 대표되는 현대 사회에서 극도로 중요하다는 것이 증명된 시대에 살고 있습니다. 과학에서 수학의 막강한 힘은 말할 것도 없으며, 수학은 금융 부문에서도 막대한 영향력을 발휘하고 있습니다. 그래서 수학과 물리학과 졸업생들이 금융계로 많

창조주와 상관없는 수학공부

왜 수학을 공부해야 하는가?
논리력을 키우려고?
사회생활을 하는 데 필요하기 때문에?
사회에서 성공하기 위해서?

이 진출하고 있기도 합니다. 학교 수업과 대학 입시에서 수학을 가장 비중있게 다루는 이유도 바로 수학의 과학, 경제를 비롯한 사회 전반에서의 중요성 때문입니다. 그러므로 수학을 공부하는 학생들에게 사회 전반에 걸쳐 맹활약하고 있는 수학의 막강한 힘을 보여줌으로써 수학을 공부할 수 있는 동기를 불어넣어 줄 수 있을 것입니다.

그러나 수학을 공부해야 하는 근본적인 이유를 알고 싶어하는 이들, 특히 기독교적인 세계관 안에서 창조주와 연관 있는 삶의 일부분으로서 수학 공부를 대하고자 하는 이들에게는, 위의 사회적 성공을 위한 수단으로서의 수학은 수학 공부에 대한 진정한 동기를 부여해 주기가 어렵습니다. 기독교인은 이 세상에서 성공이나 행복을 위해 사는 존재가 아니기 때문입니다. 세상에서의 삶의 목적을 성공이나 행복에 두는 것은 두 주인을 섬기는 우상숭배와 같다고 성경은 가르치고 있습니다(마 6:24~).

나는 수학 공부가 창조주와 연관 있는 삶의 일부분이 되기를 원합니다.

2) 수학 공부와 창조 신앙의 통합적 사고

모든 우주 만물은 창조주에게서 창조된 피조물이며 뚜렷한 목적이 있도록 창조되었다는 창조론적 세계관을 가지고 있는 사람들은, 삶의 모든 것이 창조주와 연관될 때에야 비로소 진정한 삶의 의미를 찾을 수 있습니다. 그러므로 수학에 대한 공부도 마찬가지로 창조주와 연관되어야 합니다. 창조주와 연관없는 수학 공부는 결국 자기 욕심을 쫓게 되는 것으로 왜곡될 뿐만 아니라 그 결말이 허무하게 되고 맙니다.

이제 우리는 수학이 창조주와 긴밀하게 연관되어 있다는 것을 알았기에 수학 공부에 대한 동기부여를 창조론적으로 다시 세워보도록 합시다.

① 수학을 공부한다는 것은 창조주의 신성과 마주하는 것입니다.

우주 만물 속에서 드러나는 모든 수학은 명백히 창조주에게서 유래한 것입니다. 우리는 이것을 3장의 '수학의 신비에 대한 창조론적 이해'에서 확실하게 알게 되었습니다. 수학은 창조주의 우주 만물에 대한 설계 언어였으며 아울러 창조주는 자신의 수학적 지성을 인간에게 공유시켜 주었습니다. 그러므로 우주 속에 드러나는 수학이든, 인간의 지성 속에서 수행되는 수학이든 모두 창조주의 초월적 지성 속의 수학인 것입니다. 우주 만물 속 수학은 그 자체로서 우주 만물을 창조한 창조주가 존재함을 증거합니다.

이것만 알아도 우리가 수학을 공부하는 것이 보통 중요한 것이 아니라는 것을 알 수 있습니다. 우리는 수학을 공부하면서 우주 만물을 창조하시고 특별히 인간을 창조하신 창조주의 초월적 신성과 마주하고 있는 것입니다. 이것을 알고 수학 공부를 하는 것과 모르고 수학 공부를 하는 것과는 천지 차이가 있습니다. 그것은 마치 기독교 신자가 성경을 하나님이 주신 말씀으로 알고 성경공부를 꿀송이처럼 달게 공부할 수 있는 것과 무신론자가 성경을 고대 유대인들이 과장해서 쓴 창조 신화로 알고 투덜거리며 성경을 공부하는 것과 비교될 수 있습니다.

수학을 공부한다는 것은 창조주의 영원하신 수학적 신성과 마주하는 과정이다.

> 수학을 공부한다는 것은
> 창조 세계를 다스리는 자로서의
> 사명을 수행하는 과정이야

창조주와 상관있는 수학 공부

그리고 이렇게 수학이 창조주와 연관 있음을 매번 고백하며 수학 공부를 즐겁게 한다는 것은 곧바로 우주 만물에 대한 수학적 창조주를 인정하고 고백하는 삶이 됩니다.

이제 기독교 신자들이 하나님의 말씀인 성경을 기쁘게 공부하는 것처럼, 창조론적 세계관을 가진 모든 이들이 수학을 창조주의 수학적 지성이 공유된 창조주의 수학으로 알고 기쁜 마음으로 공부하게 되기를 바랍니다.

② 수학을 공부한다는 것은, 창조 세계를 다스리는 자로서의 사명을 수행하는 과정입니다.

창조주가 자신의 수학적 지성을 인간에게 공유시켜 준 이유가 무엇일까요? 그리고 왜 처음부터 수학 공부를 하지 않아도 될 정도의 탁월한 수학적 능력을 주셨으면 될 터인데 수학 공부를 통해서 수학적 능력을 개발시키도록 하셨을까요?

창조주께서 자신의 수학적 지성을 인간에게만 특별히 공유시켜 준 이유는 창조주가 자신의 수학적 지성을 발휘하여 창조한 우주 만물의 운행 원리를 인간들이 이해하기를 바라셨으며, 아울러 창조 세계에 대한 이러한 수학적 이해를 바탕으로 인간이 창조적 능력을 발휘하여 응용하고 더욱 발전시키기를 바라셨던 것입니다. 즉 창조주가 주신 이 땅에 창조주의 대리인으로서 창조주의 나라를 세워 나가기를 바라셨기 때문입니다.

인간에게 수학적 능력을 개발시키도록 하신 이유도 창조주께서는 인간의 참여를 통해서 창조주의 나라가 건설되고 확장되기를 바라셨기 때문입니다. 인간은 창조주의 나라에서 자발적인 의지(자유의지)에 의해서 창조적인 일을 하도록 창조된 특별한 존재인 것입니다. 이러한 일련의 행위는 바로 창세기의 문화명령과도 직결됩니다.

"하나님이 그들에게 복을 주시며 하나님이 그들에게 이르시되 생육하고 번성하여 땅에 충만하라 땅을 정복하라 바다의 물고기와 하늘의 새와 땅에 움직이는 모든 생물을 다스리라 하시니라(창 1:28)."

그러므로 수학을 공부하는 목적은 창조주에게서 공유받은 수학적 능력을 개발시키고 발전시키는 과정이며, 그렇게 개발된 수학적 능력을 통해 창조 세계의 운행 원리를 앎으로써 창조 세계를 잘 다스리도록 하기 위함입니다.

수학이 창조주와 연관 있음을 아는 이들에게 있어서 수학 공부의 목적은 이렇게 특별합니다. 수학에 대한 이런 사실을 알고 수학 공부를 한다면 창조주의 나라와 뜻을 이루는 삶이 될 것이고, 그렇지 않다면 수학 공부는 창조주와 전혀 상관없는 것이 될 것이고 결국에는 창조 섭리를 왜곡하는 방향으로 흘러갈 수도 있습니다.

3. 뛰어난 수학자·물리학자가 되는 비결은?

인간은 특별히 고급스러운 음악 창조와 예술작품 창조로 창조주에게 영광 돌리는 것과 마찬가지로 깊은 수학적 연구와 물리학적 연구로 창조주에게 영광을 돌릴 수 있는 존재입니다.

① 뛰어난 수학자가 되는 비결

수학자는 시공을 초월해 영원히 변하지 않는 수학적 진리를 정리하는 형태로 발견하거나 창조하는 활동을 하는 사람입니다. 그러므로 뛰어난 수학자가 되는 비결은 인간에게 주어진 수학적 능력은 창조주에게서 부여받은 것이라는 것을 아는 데에서부터 시작합니다. 이것이 수학의 본질이기 때문입니다. 무슨 일이든지 본질을 정확히 알고 목표를 정하면 훨씬 수월하게 목표에 도달할 수 있는 것처럼, 수학의 본질을 확실히 알고 수학을 연구한다면 이리저리 헤매며 시간을 낭비함 없이 순탄하게 수학적 발견에 도달할 수 있을 것입니다.

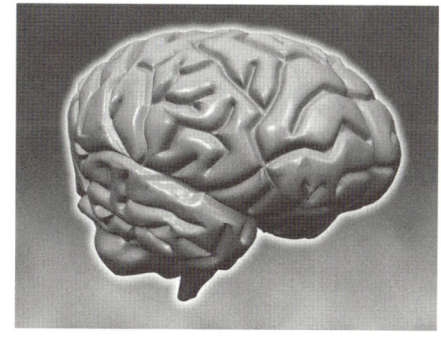

인간의 머릿속에는
무궁무진한 수학적 세
계가
존재한다!

인간의 수학적 능력이 창조주에게서 부여받은 특별한 수학적 지성이기에, 인간의 머릿속에는 무궁무진한 수학적 세계가 존재합니다. 그러므로 수학자가 어떠한 수학적 상상을 하더라도 그것은 절대 의미없는 수학이 되지 않습니다.

인간의 수학은 창조주의 수학적 지성을 물려받은 것입니다.

이런 확신으로 끈질기게 수학을 연구하면 뛰어난 수학자가 되는 것입니다.

세계 7대 수학난제(밀레니엄 문제)[12]라는 것이 있습니다. 그러나 창조주의 수학적 지성을 물려받은 인간에게 있어서 해결되지 못할 수학적 문제는 없습니다. 아마 해결되지 않을 수학적 문제는 인간의 머릿속에서 상상조차도 되지 않았을 것입니다. 단지 시간이 오래 걸릴 수 있을 뿐입니다.

> **세계 7대 수학난제**
> 1. P대 NP문제(P vs NP Problem)
> 2. 리만 가설(Riemann Hypothesis)
> 3. 양-밀스 이론과 질량 간극 가설(Yang-Mills and Mass Gap)
> 4. 내비어-스톡스 방정식(Navier-Stokes Equation)

---

12) 미국의 부호 랜던 클레이가 세운 매사추세츠주 케임브리지에 있는 클레이 수학연구소(CMI)는 2000년 수학분야에서 중요한 미해결 문제 7개를 상대로 그 해결에 각각 100만 달러씩의 상금을 걸었습니다.

5. 푸앵카레 추측(Poincare Conjecture)
6. 버치와 스위너톤-다이어 추측(Birch and Swinnerton-Dyer Conjecture)
7. 호지 추측(Hodge Conjecture)

370여 년 동안 풀리지 않았던 페르마의 마지막 정리도 시간이 오래 걸렸을 뿐이지만 풀리고 말았습니다. 영국의 천재수학자 앤드류 와일즈(Andrew Wiles)는 8년여 동안 외부와의 접촉을 거의 끊고 안정 타원곡선에 대한 시무라-타니야마 추론을 증명함으로써 페르마의 마지막 정리를 해결했습니다(1995년). 이렇듯 아무리 어려운 수학문제라 할지라도 그 문제는 해결되게 되어 있습니다.

**인간이 해결하지 못할 수학적 문제라면
아마 인간의 머릿속에서 상상조차도 되지 않았을 것입니다.**

인간에게 주어진 수학적 능력은 창조주에게서 부여받은 것이라는 것을 아는 데에서부터 이런 끈질긴 노력의 동기를 부여받을 수 있을 것입니다.

② 뛰어난 물리학자가 되는 비결

뛰어난 물리학자가 되는 비결(?)도 마찬가지일 것입니다. 물리학은 자연을 연구하는 학문이라고 합니다. 자연 속에서 어떤 규칙이나 수학방정식을 찾는 학문입니다. 그러므로 물리학자란, 수학이라는 것을 자연 또는 현실 세계와 연관시켜 연구하는 사람들을 일컬을 수 있습니다. 그런데 거의 대부분의 수학방정식은 현실 세계 곧 자연과 연관이 있습니다. 왜냐하면 창조주가 우주 만물을 그분의 수학으로 창조했기 때문입니다.

지금까지 뛰어난 물리학자가 되기 위해서는 현실 세계를 잘 관찰하여 그곳에서 수학적 규칙 또는 방정식을 유추해 내는 것이었지만 이제 역으로 생각해도 뛰어난 물리학적 발견에 이를 수 있습니다. 즉 수학자들이 상상으로 만들어낸 수학이론이 현실 세계의 어느 부분에 있는 가를 찾아내는 것도 뛰어난 물리학적 발견이 될 것이라는 것입니다. 앞에서도 말한 바와 같이 거의 대부분의 수학은 현실 세계와 연관이 있을 가능성이 매우 크기 때문에 분명히 수학자들이 수학적 상상으로 정립한 수학이론은 분명 현실 세계의 어느 부분에서 이용되고 있을 가능성이 매우 큽니다.

어떠한 수학도 현실 세계와 연관이 없는 수학은 없습니다.

자연 현상을 연구하면서 새로운 수학방정식을 발견하는 것과 수학이론을 먼저 탐구해서 그런 수학이론과 같은 자연 현상을 발견하는 것 중 어느 방법이 더 수월하게 뛰어난 물리학적 발견으로 이끌게 될 지에 대해서는 여러분의 판단에 맡기겠습니다. 여기서 말하고자 하는 바는 물리학적 발견이 자연과 자연 현상에서 어떤 규칙을 찾아가는 과정이라고만 여기는 고정관념에서 탈피하라는 것입니다. 수학으로 상상하는 모든 것이 현실 세계와 연관이 있다는 창조 신앙적 믿음을 가지고 물리학 연구에 임한다면 의외의 커다란 물리학적 발견에 이를 수 있을 것입니다.

인간의 지성 속 수학이든 우주 만물 속 수학이든
모두 초월적 지성을 가진 창조주가 공통적으로 부여한 것입니다.

4. 인간 지성의 모든 영역에서 드러나야 할 창조주

이 책은 수학에서 창조주를 발견하는 데에서 출발했습니다. 즉 현대 물리학과 수학에서 드러나는 신비스러운 현상인 '인간의 사고 속 수학과 자연 속 수학의 일치'가 일어나는 현상을 통해 수학 그 자체가 초월적 수학 지성을 가진 존재에 의해 부여된 것이라는 것을 알게 되었습니다. 그리고 수학에서 출발한 이러한 지식은 곧바로 수학뿐만 아니라 인간의 지성에서 수행되는 모든 영역(언어, 음악, 예술)에서 창조주가 발견되어진다는 것으로 확장되었습니다.

1) 수학적 지성의 영역

수학은 저절로 생성되는 성질의 것이 아니라 반드시 수학적 지성을 가진 존재에 의해서만이 생성될 수 있다는 것을 말했습니다.

우리가 행하는 모든 수학적 사고는 결국 창조주에게서 공유받은 것입니다. 그러므로 수학적 사고를 하면서 늘 수학의 기원되신 창조주를 생각할 수 있게 되었습니다.

수학을 한다는 것은 그 자체로
창조주의 수학적 지성을 공유받은 특별한 존재라는 증거이다.

2) 언어적 지성의 영역

인간의 언어도 창조주의 언어적 지성을 공유받은 것입니다. 언어를 할 줄 안다는 것은 창조주의 특별한 피조물이라는 뜻입니다.

수학과 마찬가지로 언어도 저절로 생성되는 성질의 것이 아닙니다. 언어적 지성을 가진 존재에 의해서만 언어는 생성되어질 수 있습니다. 이제 인간은 언어를 말하면서 특별히 언어적 지성을 부여한 창조주를 늘 생각할 수 있습니다.

언어를 사용한다는 것은 그 자체로
창조주의 언어적 지성을 공유받은 특별한 존재라는 증거이다.

3) 음악적 지성의 영역

인간이 수행하는 노래, 춤, 작곡이라는 것은 창조주의 음악적 지성을 공유받았기 때문에 가능한 일입니다. 음악 그 자체도 결코 저절로 생성되는 성질의 것이 아닙니다. 수학, 언어와 마찬가지로 음악을 할 줄 안다는 것은 창조주의 특별한 음악적 지성을 공유받은 존재라는 증거입니다.

음악을 한다는 것은 그 자체로
창조주의 음악적 지성을 공유받은 특별한 존재라는 증거이다.

4) 예술적 지성의 영역

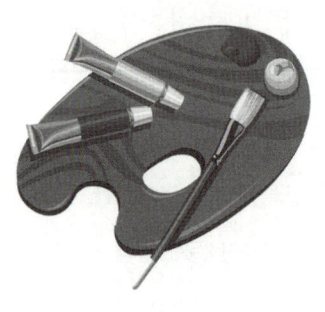

인간이 수행하는 미술, 조각, 디자인이라는 예술은 창조주의 예술적 지성을 공유받았기 때문에 가능한 일입니다. 예술 그 자체도 결코 저절로 생성되는 성질의 것이 아닙니다. 수학, 언어와 마찬가지로 예술을 할 줄 안다는 것은 창조주의 특별한 예술적 지성을 공유받은 존재라는 증거입니다.

예술을 한다는 것은 그 자체로
창조주의 예술적 지성을 공유받은 특별한 존재라는 증거이다.

결국 인간의 지성에서 수행되는 모든 영역이 창조주에게서 공유받은 것입니다.

그런데 왜 창조주는 특별히 인간에게만 창조주의 지성을 공유시켜 주었을까요? 그것은 특별히 창조주의 피조세계를 다스리도록 하기 위해서였습니다.

"우리의 형상을 따라 우리의 모양대로 우리가 사람을 만들고…
그들로…모든 것을 다스리게 하자 하시고"

인간은 지성의 모든 영역을 통해서 창조주를 기억하고 창조주의 뜻과 의도에 따른 창조 활동(문화 명령)을 위해 지음 받은 존재인 것입니다.

인간은 하나님이 주신 특이한 능력인 생각, 직관, 느낌, 상상력, 솜씨를 발휘하여
하나님의 영광을 위하여 자연을 개발함으로써 그 소명에 응답한다(아브라함 카이퍼).

그리고 잊지 말아야 할 것은 인간은 창조주에게서 공유받은 이러한 모든 지성(수학, 언어, 음악, 예술)들을 개발시켜야 한다는 것입니다. 그리고 그러한 개발을 통해 뛰어난 문화를 창조해나가야 한다는 것입니다. 창조주는 이렇게 인간의 자발적인 참여를 통해 이 땅에 창조주의 나라와 문화를 세우기를 원하셨습니다. 인간은 창조주가 이 땅에 세우고자 했던 창조주의 나라(창조주의 문화)의 대리인입니다. 다만 인간이 세운 문화가 타락으로 인해 창조주의 뜻에서 벗어난 것이 문제일 뿐입니다. 본래 인간의 문화 창조의 사명은 그 기원에 있어서 인간의 타락보다 앞선 개념입니다.

창조주를 알면 삶의 많은 부분에서 어떻게 보고 어떻게 살 것인가에 대한 분명한 관점을 갖게 됩니다. 분명한 창조 신앙을 갖게 되면 삶이 혼돈되거나 혼란스럽지도 않게 됩니다. 그리고 창조주를 더 많이 알수록 창조주의 성품에 참예하게 될 것입니다.

"이(창조주를 앎)로써 그 보배롭고 지극히 큰 약속을 우리에게 주사
이 약속으로 말미암아 너희로 정욕을 인하여 세상에서 썩어질 것을 피하여
신의 성품에 참예하는 자가 되게 하려 하셨으니(벧후 1:4)"

특별히 수학을 통해서 모든 이들이 창조주의 성품에 참여하는 자가 되기를 소망합니다.

부록 1 수학의 비합리적 효용성

1. 수학방정식에서 예측된 물리적 실제

다음에 소개되는 내용들은 물리학의 역사에서 수학의 비합리적인 효용성이 나타났던 예들입니다. 대학교 과정에서 배우는 내용이기 때문에 생소하고 전혀 모르는 수식이 나오는 경우가 많겠지만 가볍게 의미 파악만 하고 넘어가 주시기 바랍니다.

1) 맥스웰 방정식의 전자기파 예측

1864년, 맥스웰은 다음과 같은 전자기에 대한 4가지 수학방정식을 발표했습니다. 수학적 능력이 탁월했던 맥스웰은 앙페르, 패러데이 등의 전기와 자기를 연구했던 과학자들의 이론을 다음과 같이 수학적으로 간단하게 묘사해 버렸습니다. 이것을 '맥스웰의 전자기에 대한 네 가지 방정식'이라고 합니다.

그런데 맥스웰의 업적은 여기서 그치지 않습니다. 바로 전자기파동을 예측한 것에서 그의 업적이 더욱 빛났습니다. 그 과정은 다음과 같습니다.

맥스웰(James Clerk Maxwell, 1831~1879)

(1) $\oint \vec{E} \cdot d\vec{S} = \dfrac{q}{\epsilon_0}$ 　가우스 법칙 : 전기장 E는 전하 q에 의해 만들어진다.

(2) $\oint \vec{B} \cdot d\vec{S} = 0$ 　자기장에 대한 가우스의 법칙 : 자기장 B는 시작과 끝이 없다.

(3) $\oint \vec{B} \cdot d\vec{l} = \mu_0 i$ 　암페어 법칙 : 자기장 B는 전류에 의해 만들어진다.

(4) $\oint \vec{E} \cdot d\vec{l} = -\dfrac{d\Phi_B}{dt}$ 　패러데이 법칙 : 전기장 E는 자기장의 변화에 의해 만들어진다.

[용어 설명 : 폐곡면에 대한 적분 기호 $\oint$, 전기장 E, 자기장 B, 전하량 q, 진공에서의 유전율 ϵ_0, 진공에서의 투자율 μ_0, 자기력선속(자기력선 다발) Φ, 특별히 Φ_B는 자석 등과 같은 자기장 B를 내는 물체에 의한 자기력선 다발을 의미, $d\vec{S}$는 극소의 면적을 뜻하고 $d\vec{l}$은 극소 길이를 뜻하는 미분 용어]

맥스웰은 자신이 세운 네 가지 수학방정식을 자세히 들여다보았더니 아래 그림과 같이 전하(q)가 전혀 없고 전류(i)도 전혀 지나가지 않는 곳에 폐곡면(가우스 폐곡면)을 만들면 위 네 가지 식은 전하(q)나 전류(i)가 0이기 때문에 다음과 같이 표현할 수 있다는 것을 생각해 냅니다.

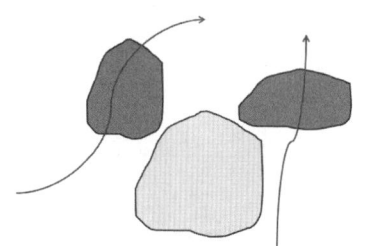

전하분포 또는 전류분포가
전혀 없는 곳에 전자기 법칙을 적용

$\oint \vec{E} \cdot d\vec{S} = 0$ 　(1) 가우스 법칙

$\oint \vec{B} \cdot d\vec{S} = 0$ 　(2) 자기장에 대한 가우스의 법칙

$\oint \vec{B} \cdot d\vec{l} = 0$ 　(3) 암페어 법칙

$\oint \vec{E} \cdot d\vec{l} = -\dfrac{d\Phi_B}{dt}$ 　(4) 패러데이 법칙

부록 1 수학의 비합리적 효용성

그런데 이렇게 네 가지 식을 써 놓고 보니 이 식들 사이에 대칭성이 눈에 보였습니다. (1)과 (2)식이 전기장 E와 자기장 B의 적분으로 표현되고 (3)과 (4)식도 자기장 B와 전기장 E의 적분으로 표현됩니다. 그런데 (4)식은 우항이 0이 아니고 자기장 선속(φ_B)의 시간적 변화율이 존재합니다. (4)식의 의미는 자기장이 변하면 전기장이 유도된다는 의미입니다.

이때 맥스웰은 (3)식도 (4)식과 어울리도록 전기장 선속(φ_E)의 시간적 변화율이 존재한다는 식을 집어 넣으면 좋겠다고 생각합니다. 즉, 전기장이 변하면 자기장이 유도된다는 의미를 집어넣은 것입니다. 맥스웰의 이런 생각은 결코 실험이나 관찰에서 나온 발상이 아닙니다. 단지 수학식이 서로 대칭을 이룬다면 어떨까 하는 단순한 생각에서 나온 것입니다. 물론 맥스웰은 물리학에서의 수학의 신비를 눈치채고 있었기에 이런 과감한 시도를 할 수 있었을 것입니다.

$$\oint \vec{E} \cdot d\vec{S} = 0 \qquad \text{(1) 가우스 법칙}$$

$$\oint \vec{B} \cdot d\vec{S} = 0 \qquad \text{(2) 자기장에 대한 가우스의 법칙}$$

$$\oint \vec{B} \cdot d\vec{l} = 0 \rightarrow \oint \vec{B} \cdot d\vec{l} = +\mu_0 \epsilon_0 \frac{d\Phi_E}{dt} \qquad \text{(3) 암페어 법칙}$$

$$\oint \vec{E} \cdot d\vec{l} = -\frac{d\Phi_B}{dt} \qquad \text{(4) 패러데이 법칙}$$

이렇게 고쳤을 때 전자기에 대한 4가지 방정식은 대칭성이 생겼습니다. 분명한 것은 당시의 전자기에 대한 어떠한 실험으로도 (3)식의 우항은 있어야 할 이유가 없었다는 것입니다.

이제 (3)과 (4) 두 방정식을 결부시켜 생각해 보면, 전기장과 자기장이 서로를 발생시

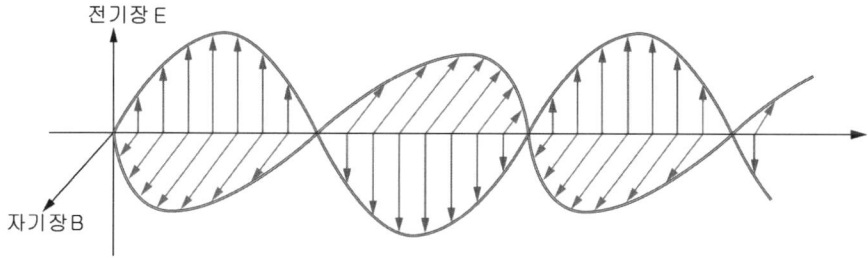

[전자기파의 전파]

키는 반복적인 현상이 생긴다고 해석할 수 있게 됩니다. 그리고 맥스웰이 이 식들에 회전 연산자를 활용한 약간의 고급 수학을 활용하여 식을 전개했더니 전기장과 자기장이 서로를 발생시키면서 이동하는 파동 즉, '전자기파'를 예언하는 다음의 파동 방정식에 도달하였습니다. 그 파동방정식은 너무도 단순하게 표현되었습니다. 이것을 수학적으로 아름답다고 표현하기도 합니다.

$$\nabla^2 \vec{B} - \mu_0 \epsilon_0 \frac{\partial^2}{\partial t^2} \vec{B} = 0$$

위 전자기 파동이 진행해 나가는 속도를 수학적으로 계산하면 다음과 같습니다.

$$v = \frac{1}{\sqrt{\mu_0 \epsilon_0}}$$

이것에 진공 속에서의 투자율(μ_0)과 유전율(ϵ_0)을 대입하면 빛의 속도(c)와 같게 됩니다. ϵ_0와 μ_0는 진공의 성질을 나타내는 상수로써 각각 다음과 같습니다.

$\epsilon_0 = 8.854 \times 10^{-12} C^{-2}/Nm^2$ $\mu_0 = 4\pi \times 10^{-7} N/A^2$

지극히 간단하고도 우아하며 심오한 대칭성과 수학적 아름다움을 가지고 있는 맥스웰의 4가지 방정식은 필연적인 결과로서 전자기파가 존재해야 하며 그 속도가 299,792,458m/s라는 것을 말해 주었던 것입니다.

맥스웰의 전자기파 발견 과정의 의미를 한마디로 표현한다면 다음과 같습니다.

수학방정식 속에 이미 전자기파라는 물리적 실체가 숨어 있었다.

맥스웰이 죽고 나서 9년 후, 독일의 물리학자 헤르츠가 1888년 전자기파를 실험으로 발견하면서 맥스웰의 이 수학적 예측은 맞는 것으로 판명되었습니다.

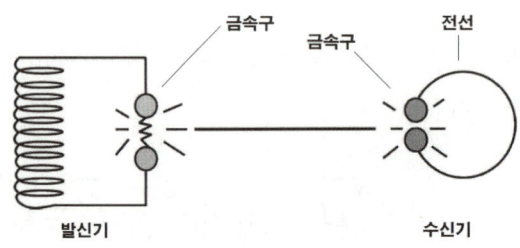

[전자기파의 검출]

2) 디랙 방정식의 양전자 예측

폴 디랙은 1920년대 아인슈타인의 특수 상대성 원리를 슈뢰딩거의 양자역학에 대한 파동방정식에 적용했습니다. 그랬더니 다음과 같은 디랙의 방정식이 만들어졌습니다.

$$(i\gamma^\mu \partial_\mu - m)\Phi = 0$$

디랙의 방정식은 전자에 대한 상대론적 파동방정식입니다. 그런데 이 방정식에서 얻은 1가지 결론은 음(陰)의 에너지 상태가 존재해야 한다는 것이었습니다. 그러나 당시에는 음의 에너지라는 것은 물리학적으로 있을 수 없다고 여겨졌었습니다.

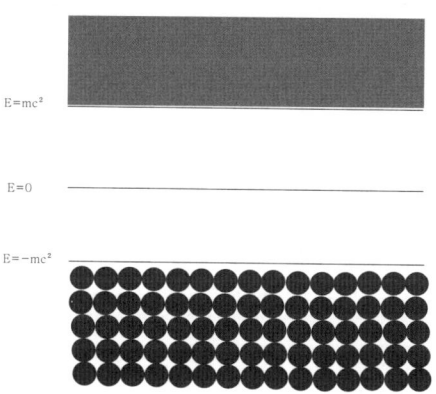

그러나 디랙은 자신의 방정식이 수학적으로 너무 아름다워서 결코 틀릴 수 없다고 확신했습니다. 수학적 확신을 바탕으로, 디랙은 에너지가 음인 상태에 있는 전자는 짧은 수명을 가진 양으로 대전된 입자(후에 양전자)와 동등할 것이라고 주장했습니다.

이 견해는 1932년 앤더슨이 양전자, 즉 전자와 질량이 같지만 양으로 하전된 입자의 존재를 보여 주는 안개상자 사진을 얻으면서 확증되었습니다. 디랙의 수학적 예측이 맞았던 것입니다.

양전자를 발견한 후 폴 디랙(Paul Dirac)은 '자연의 본질에 대한 물리학자의 개념의 변화(evolution)'라는 기고문을 통해 다음과 같이 말했습니다.

> 정확한 실험보다는 자신의 방정식에 아름다움을 갖는 것이 더욱 중요합니다.…왜냐하면 사소한 모순은 이론이 발전해 나감에 따라 자연히 해결될 것이기 때문입니다. 자신의 방정식에서 아름다움을 얻겠다는 관점으로 일을 하고 또 진실로 건전한 통찰

력을 갖고 있는 경우에는 발전할 수 있는 확실한 기반 위에 서 있는 것입니다.

폴 디랙의 양전자 발견 과정을 한마디로 표현한다면 다음과 같을 것입니다.

수학방정식 속에 이미 양전자라는 어떤 물리적 실체가 들어 있었습니다.

3) 전자기 약력 방정식의 소립자 예측

1960년대의 전자기 약력이론이라는 수학방정식은 한 번도 관찰된 적이 없는 3가지 입자(W+보존, W-보존, Z보존)의 존재를 예측했습니다. 그리고 여러 번의 실험을 거쳐 1973년에 유럽의 입자물리연구소(CERN)에서 드디어 Z보존에 의한 반응이 관측되었습니다. 그리고 W보존은 1983년에 유럽의 입자물리연구소의 양성자-반양성자 충돌 실험을 통하여 확인되었습니다.

위대한 발견을 한 과학자들은 물리 방정식의 아름다움과 미묘함에서 많은 영감을 받습니다. 그들은 가끔씩 우주가 근본적으로 아름다움과 우아함을 갖추고 있다는 믿음에 의해서 인도함을 받습니다. 이렇게 발견된 물리학적 원리들은 처음에는 관찰되는 사실과 모순되는 것처럼 보일지라도 조만간 새로운 관찰 결과에 의해서 옳음이 입증되곤 합니다.

어떻게 수학이 물리적 현상의 특성들을 이미 알고 있는 걸까요?

뉴욕 컬럼비아 대학의 물리학자 브라이언 그린(Brian Greene)은 아마도 '수학이 현실(실재)이기 때문'일 것이라고 말했습니다.

4) 일반상대성이론 방정식의 팽창하는 우주 예측

아인슈타인이 일반상대성이론을 통해 발표한 중력장 방정식은 다음과 같습니다.

$$8\pi T_{\mu\nu} = R_{\mu\nu} - \frac{1}{2}Rg_{\mu\nu} + \lambda g_{\mu\nu}$$

$T_{\mu\nu}$: 에너지 운동량 텐서
$G_{\mu\nu}$: 아인슈타인 텐서 $G_{\mu\nu} = R_{\mu\nu} - Rg_{\mu\nu}/2$
$R_{\mu\nu}$: 리치 텐서(Ricci tensor)
R : 리치 스칼라(Ricci scalar)
λ : 우주상수

사실 일반상대성이론의 중력장 방정식에는 우주상수 λ가 존재하지 않았습니다. 그러나 아인슈타인이 자신의 중력장 방정식의 해를 구해 보았더니 자신 또는 당시의 우주론에 입각한 예상과는 다르게 우주 공간이 수축 또는 팽창하는 것으로 나타났습니다. 아인슈타인 당시의 우주론에서는 우리 은하로 대표되는 우주 전체가 팽창하거나 줄어드는 등의 아무런 변화가 없었기 때문에 아인슈타인은 그러한 자신의 방정식을 신뢰하지 못했습니다. 그는 자신의 방정식이 의미하는 바를 무시하고 자신의 중력장 방정식을 보정하기 위해 우주상수 λ를 도입하여 당시의 정적인 우주를 깨뜨리지 않으려고 했습니다.

그런데 13년 뒤, 에드윈 허블(Edwin Hubble, 1889~1953)이 먼 은하에서 공통적으로 나타나는 적색편이 현상을 통해 우주 팽창의 명확한 증거를 발견했습니다. 이후 아인슈타인은 우주 상주 λ의 도입을 '일생 일대의 실수'라고 표현했습니다.

아인슈타인의 중력장 방정식은 아인슈타인 본인도 모르게 어떻게 우주가 팽창하고 있음을 보여 준 것일까요? 만일 수학이 단순히 우리가 사는 물리적 세상을 기술하기 위한 도구로서의 언어에 불과한 것이고, 수학은 인간의 머릿속 시성에서 발명해 낸 것에 불과할 뿐이라면, 어떻게 인간 지성의 범위를 넘어서는 자연에서 발견되는 것일까요?

2. 물리법칙들의 극도의 정확성

물리학을 하는 과정에서 수학방정식 속에 물리적 실체가 이미 들어 있었다는 신비스러운 현상보다는 조금 덜 신비스럽겠지만 우리가 간과하지 말아야 할 것이 있습니다. 그것은 물리 현상이 수학으로만 표현되면 극도의 정확성을 드러낸다는 것입니다.

1) 만유인력 방정식의 극도의 정확성

1665년, 뉴턴 당시의 실험과 관찰 수준은 4% 정도로 굉장히 조악했다고 합니다. 그러나 뉴턴이 수학방정식으로 만들어낸 만유인력 방정식은 지금의 실험으로도 99.999% 이상의 정확성을 갖추는 것으로 밝혀졌습니다.

2) 양자 전기역학[QED] 방정식의 극도의 정확성

1930년대에 양자 전자기 역학[QED] 방정식에서 예측된 원자 자기 모멘트값의 이론적 예측치는 아래와 같았다고 합니다.

1.00159652201 ±0.000000000030(±는 이론적 계산의 오차범위)

그리고 1980년대에 실험에 의해서 나타난 값은 다음과 같았습니다.

1.00159652188 ±0.000000000004(±는 이론적 계산의 오차범위)

수십년 전의 양자전기역학 수학방정식이 소숫점 이하 11자리까지 정확하게 맞을 정도로 자연을 정확하게 측정하고 계산해 내고 있었습니다.

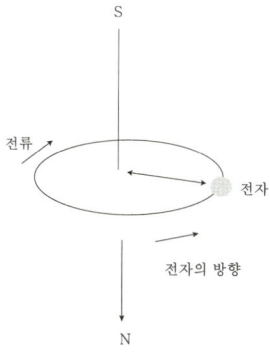

3) 일반상대성이론 방정식의 극도의 정확성

뉴턴 역학에서의 약간의 오차를 수정하려는 시도에서 출발한 아인슈타인의 일반상대성이론은 당시까지 수수께끼에 가까웠던, 수성의 근일점의 이동에서 나타났던 43″(1″는 1°의 $\frac{1}{3600}$ 에 해당하는 각도)의 오류를 찾아낼 정도로 놀라운 정확성을 갖추고 있습니다.

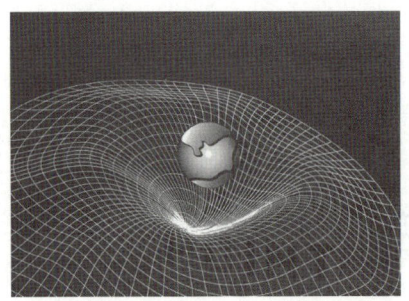

$$8\pi T_{\mu\nu} = R_{\mu\nu} - \frac{1}{2}Rg_{\mu\nu} + \lambda g_{\mu\nu}$$

　기존의 뉴턴의 만유인력에 의한 계산에서는 수성의 근일점의 이동에 100년에 43″의 오류가 있었습니다. 그러나 일반상대성이론의 휘어진 시공간을 이용한 수성의 근일점의 이동은 관측값과 정확히 맞아 떨어졌습니다. 이것은 일반상대성이론이 옳음을 입증하는 결정적인 증거였습니다. 아인슈타인은 일반상대성이론으로 수성의 근일점 이동을 설명하고 난 후 '친구에게 심장이 고동쳤고 흥분으로 여러 날 잠을 이루지 못했다'는 편지를 보냈다고 합니다.

왜 물리현상은 수학으로만 표현되면 이토록 정확해질까요?

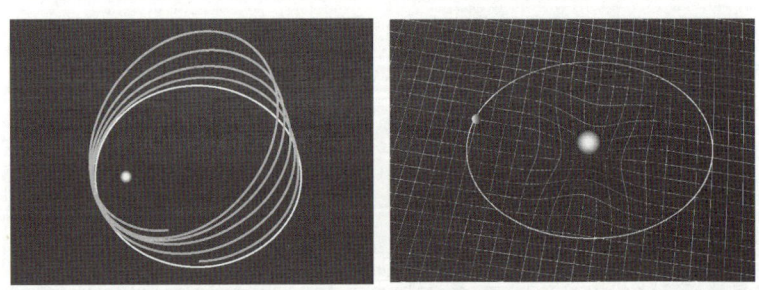

위 그림에서 수성의 궤도는 흰 선과 같이 고정된 것이 아니라 회색 선과 같이 계속 움직입니다. 근일점도 따라서 매우 조금씩 변합니다. 이것은 이해를 돕기 위해 과장하여 그린 그림입니다.

부록 2 인간 감각과 로그 그리고 베버-페흐너의 법칙

1. 베버의 법칙과 인간 감각의 로그 체계

1831년 독일의 생리학자 E.H.베버(Ernst Heinrich Weber, 1795-1878)는 감각의 차이를 느끼는 데 필요한 자극의 최소량이 절대량이 아니라 그 전에 경험한 자극의 양에 대한 비율로 결정되는 것이라는 점을 실험을 통해 확인했습니다. 그리고 표준자극의 세기 S와 비교자극의 세기 △S의 비는 항상 일정하다는 사실을 증명했습니다.

E.H. 베버(Ernst Heinrich Weber, 1795-1878)

$$\frac{\text{자극의 변화량}(\triangle S)}{\text{표준자극}(S)} = (\text{일정})$$

베버가 납으로 만든 추를 이용해 실험한 바에 의하면 양 손바닥에 각각 30g의 무게와 31g의 무게를 올려놓으면 어느 쪽이 무겁고 가벼운 것인지 식별할 수 있습니다. 그러나 한 손에 60g을, 다른 손에는 61g을 올려 놓는다면 이것은 식별할 수 없습니다.

그런데 다른 손에는 62g을 올려놓으면 비로소 62g이 60g보다 무겁다는 것을 식별할

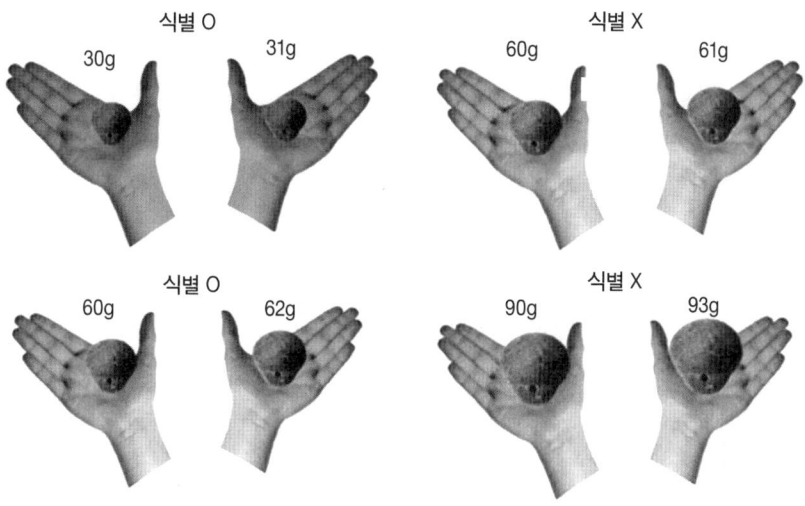

수 있습니다. 마찬가지로 90g인 경우에는 93g이 되어야만 식별할 수 있고, 120g인 경우에는 124g이 되어야만 식별이 가능합니다. 따라서 이들 실측치를 다음 식에 넣어 정리하면 다음과 같습니다.

$$\frac{\text{비교되는 무게} - \text{표준 무게}}{\text{표준 무게}}$$

$$\frac{31-30}{30} = \frac{62-60}{60} = \frac{93-90}{90} = \frac{124-120}{120} = \frac{1}{30}$$

얻어진 값은 어느 경우에서나 일정하게 $\frac{1}{30}$ 이 됩니다.

즉 $\frac{\text{자극의 변화량}(\Delta S)}{\text{표준자극}(S)}$ = (일정 k)의 관계가 있습니다. 이때 k를 베버상수라 합니다.

베버의 법칙은 자극의 세기가 중간 정도의 범위 안에서 근사적으로(비슷하게) 성립된다고 알려져 있습니다. 이때 베버상수(K) 값이 작을수록 예민한 감각기입니다. 즉 시각의 k값은 1/120~1/100이고, 미각은 1/6, 청각은 1/7, 압각 k=1/150, 후각 k=1/200 으로 후각이 가장 예민한 감각으로 알려져 있습니다.

읽어보세요!
베버의 법칙의 실생활에서의 예

¤ 촉각과 베버의 법칙

옆 사람의 어깨를 아주 약하게 살짝 건드린 후 좀 전보다 조금만 더 힘을 줘서 건드렸을 경우, 대부분은 이 둘의 차이를 느낍니다. 그러나 아주 강한 힘으로 두 번 건드렸을 경우 둘의 차이를 느끼기는 힘듭니다. 인간의 감각기관은 어느 정도 이상 올라가면 감각적으로 느끼는 편차가 줄어들기 때문입니다.

¤ 청각과 베버의 법칙

조용한 곳에서 이야기할 때보다 시끄러운 지하철 안에서는 더 큰소리로 이야기해야 알아들을 수 있습니다. 시끄러운 곳은 조용한 곳보다 처음 소리의 자극이 강하므로 더 큰 소리로 말을 해야 자신이 알아들을 수 있습니다. 교실에서 이어폰으로 크게 음악을 듣고 있던 학생이 옆 학생에게 조용하게 이야기한다는 것이 엄청 크게 이야기하는 이유도 이 때문입니다.

¤ 시각과 베버의 법칙

환한 낮에는 네온사인이 밝게 느껴지지 않지만 밤에는 휘황찬란하게 느껴집니다. 밤에는 처음 빛 자극이 약하므로 네온사인이 켜져 있는 것을 잘 알 수 있지만 낮에는 처음 빛 자극이 강하므로 네온사인이 켜져 있는 것을 잘 알 수 없게 됩니다.

주변의 불빛이 별로 없는 시골에서는 밤하늘의 은하수까지 쉽게 볼 수 있는데, 서울에서는 밤하늘의 별을 찾는 것도 거의 불가능합니다.

2. 베버-페흐너의 법칙

자극에 대한 베버의 법칙에 감각의 세기를 끌어들여 감각량(R)과 자극량(S) 사이에 로그의 관계가 있다는 법칙을 이끌어낸 사람은 페흐너(Gustav Theodor Fechner, 1801-1887)입니다. 페흐너는 베버의 법칙에서의 베버상수 k가 감각의 정도를 나타낸다고 생각하고 비교 자극의 세기 △S를 늘려 가면 감각의 세기(R)도 따라서 커진다고 생각했습니다.

$$\frac{\Delta S}{S} = \acute{k} \times \Delta R \quad \text{(이때: } \acute{k} \text{ 는 정수)}$$

△S, △R이 0에 가까워질 때 $\frac{dS}{S} = \acute{k} \times dR$ ∴ $dR = k\frac{dS}{S}$ (이때 k는 정수)

적분하면 다음과 같은 식을 얻습니다.

$$R = k\log\left(\frac{S}{S_0}\right) \quad \text{(이때, } S_0 \text{는 감각의 세기가 0이 되는 자극의 세기)}$$

[감각의 세기 R, 자극의 세기 S, 처음 자극의 세기 S_0]

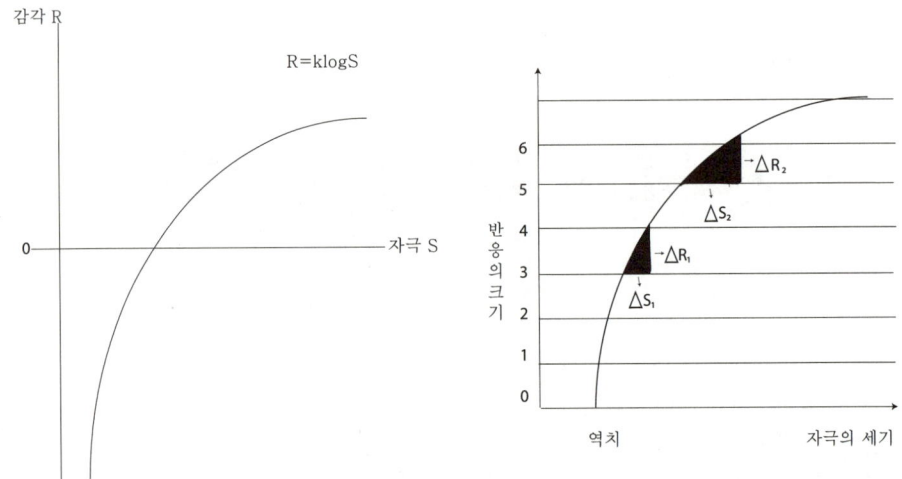

베버의 법칙의 곡선 기울기 해석

ΔS_1은 ΔS_2보다 자극의 세기는 작지만 반응의 크기 ΔR_1은 ΔR_2보다 더 큰 것을 알 수 있습니다. 이는 자극의 세기가 커질수록 자극은 크게 주어져야 반응을 일으킬 수 있음을 나타냅니다. 따라서 기울기가 클수록 예민하다고 할 수 있습니다. 또한 같은 크기의 반응($\Delta R_1 = \Delta R_2$)이 일어나기 위한 자극의 변화량(ΔS)은 자극의 세기가 클수록 커지게 됩니다($\Delta S_1 < \Delta S_2$).

베버-페히너의 법칙은 사람의 모든 감각이 로그적으로 인식된다는 것을 보여 주었습니다. 즉 감각량(R)과 자극량(S) 사이에는 로그함수적인 관계가 있습니다. 그렇다면 인간의 청각 체계와 시각 체계가 왜 로그적으로 나타나는지도 설명할 수 있을 것입니다.

소리의 세기 dB(데시벨)의 식에서 감각의 세기(R)에 해당하는 것이 dB(데시벨)이고 자극의 세기(S)에 해당하는 것이 I입니다.

$$dB = 10\log\left(\frac{I}{I_0}\right) \quad \text{또는} \quad dB_1 - dB_2 = 10\log\left(\frac{I_2}{I_1}\right)$$

dB(데시벨)는 소리(감각)의 세기, I는 현재 소리 자극의 세기,
I0는 사람이 들을 수 있는 가장 작은 소리 자극의 세기

소리의 세기가 I_1과 I_2인 두 소리가 있다면,
사람의 귀는 그 세기의 차이(dB_1-dB_2)를
$\log(\frac{I_2}{I_1})$에 비례하여 지각합니다.

별의 등급에 대한 포그슨의 방정식에서 감각의 세기(R)에 해당하는 것이 별의 등급 m이고 자극의 세기(S)에 해당하는 것이 별의 밝기 L입니다.

두 별의 등급을 m_1, m_2라 하고 밝기를 각각 L_1, L_2라 하면

$$m_1 - m_2 = 2.5\log(\frac{L_2}{L_1})$$

즉 밝기가 L_1과 L_2인 두 광원이 있다면,
사람의 눈은 그 밝기의 차이를 $\log(\frac{I_2}{I_1})$에 비례하여 지각합니다.

3. 지진(㎜), pH 농도, 엔트로피에 등장하는 로그는 베버의 법칙과 무관하다

소리의 세기를 나타내는 데시벨 $dB = 10\log(\frac{I}{I_0})$과 별의 등급 차이를 알 수 있는 포그슨 방정식 $m_1 - m_2 = 2.5\log(\frac{L_2}{L_1})$은 인간의 청각과 시각이라는 감각체계가 로그적 형태로 나타나기 때문에 발생한 식입니다.

그러나 지진의 규모(M) $M = \log_{10} A (= \log A)$나 pH 농도 $pH = -\log[H^+]$, 엔트로피 $S = k \cdot \log W$가 로그함수로 표현되는 것은 인간의 감각 체계와는 무관합니다.

로그 스케일은 천문단위 같은 큰 수뿐만 아니라 같은 극히 작은 수를 계산할 때도 사용되는 데, 지진계의 규모(M)와 pH 농도, 엔트로피에서 나타나는 로그 간격은 인간이 작은 수 표현의 편리성을 위해 로그를 취한 것이라고 할 수 있습니다.

1) 지진의 규모(M)

지진의 규모(Magnitude)란 지진 자체의 크기를 측정하는 단위로 1935년 이 개념을 처음 도입한 미국의 지질학자 리히터(Charles Francis Richter, 1900-1985)의 이름을 따서 "리히터 스케일(Richter scale)"이라고도 합니다.

지진의 규모는 진원지에서 1백km 떨어진 지점에서 지진계로 측정한 지진파의 최대 진폭에 따라 결정되는데, 지진파의 최대 진폭은 지진에 따라 대단히 큰 차이를 보입니다. 이런 차이를 알기 쉽게 축소해 나타낸 것이 로그입니다. 지진파의 최대 진폭이 A미크론(1미크론(μm)=1천 분의 1mm)인 지진의 규모 M은 상용 로그를 이용해 $M=\log_{10}A(=\log A)$으로 정합니다. 그러므로 지진의 최대 진폭이 10배씩 커질 때마다 지진의 규모는 1씩 증가합니다. 그러므로 지진의 규모 M에서 log가 등장한 이유는 작은 수를 쉽게 다루기 위한 로그의 기본적인 특징에서 나온 것입니다.

참고로 지진의 규모(M)와 지진에 의해 발생하는 에너지(E) 사이에는 $\log E=11.4+1.5M$라는 관계가 성립합니다. 지진 규모의 값이 1 증가하면 에너지는 약 32배로 증가한다는 것을 의미합니다. 다르게 표현하면, 지진의 규모가 0.2단위로 증가할 때 지진의 에너지 규모는 약 2배씩 늘어납니다. 지진 규모는 지진파로 인해 발생한 총에너지의 크기로 계측 관측에 의하여 계산된 객관적 지수이며, 지진계에 기록된 지진파의 진폭, 주기, 진앙 등을 계산해 산출됩니다.

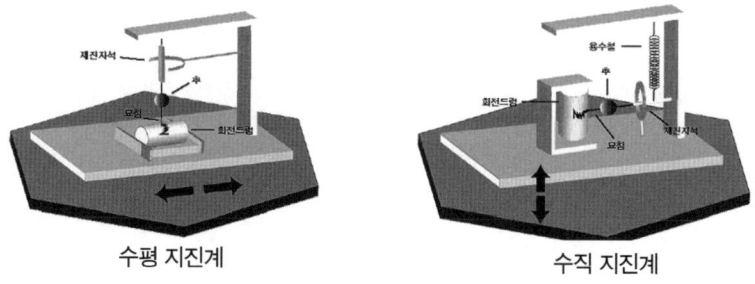

수평 지진계　　　　수직 지진계

이런 방식으로 계산을 하면 지진 규모 8은 지진 규모 7에 비해서 약 32(2^5)배 강한 지진을 의미하며 지진 규모 8.8은 규모 7에 비해 약 500배 강한 에너지를 발생시킵니다.

2) pH 농도

1909년 덴마크의 화학자 쇠렌센(Sorensen, 168-1939)은 수소 이온 농도 [H⁺]를 간단한 숫자로 표현하기 위해 수용액 중의 [H⁺]의 역수의 상용로그 값을 pH로 표시하였습니다.

$$pH = \log\left[\frac{1}{H^+}\right] = -\log[H^+]$$

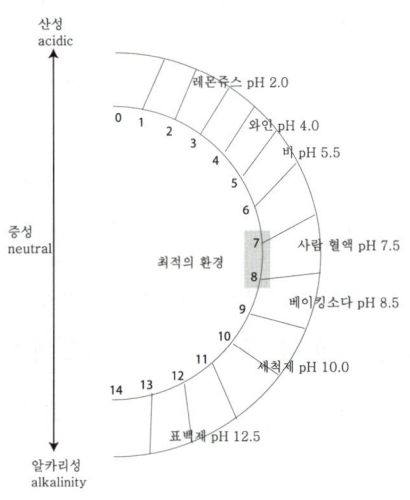

[H⁺]는 1L의 용액 속에 있는 수소 이온의 그램 이온수를 나타냅니다.

용액 속의 수소이온농도는 용액에 따라 대단히 큰 차이를 보이기 때문에, 이를 상용로그를 이용해서 수소이온 지수(pH)로 바꾸어 0부터 14까지의 수로 나타냈습니다. 만약 수용액 중에 수소 이온이 1.0×10^{-7}g 있다면 이때의 pH는 7입니다. pH가 7인 용액은 중성, 7보다 작으면 산성, 7보다 크면 염기성입니다.

그러므로 수소 이온 농도 pH에서 log가 등장한 이유는 작은 수를 쉽게 다루기 위한 로그의 기본적인 특징에서 나온 것입니다.

3) 엔트로피

물리 교과서의 열역학 부분에 나오는 엔트로피(S)가 등장한 배경은 다음과 같습니다. 엔트로피 개념이 없던 19세기 중엽까지 이해가 가지 않는 물리적 현상이 있었습니다.

그것은 분명 에너지 보존 법칙에는 위배되지 않는데, 자연현상이 이상하게 한 방향으로만 진행된다는 것이었습니다. 예를 들어 저온에서 고온으로는 열이 스스로 이동하지 않고, 투입한 열이 모두 일로 전환되지 못하는 현상이 바로 그것입니다. 즉 영구기관 같은 것은 죽어도 만들수 없었습니다. 그래서 클라우지우스(Rudolf (Julius Emanuel) Clausius, 1822-1888)라는 사람이 무엇인지는 모르지만 '엔트로피(변화라는 뜻)'라는 개념이 있고, 자연현상은 엔트로피가 증가하는 방향으로만 일어난다' 라고 가정을 세웠습니다. 이때 엔트로피의 변화를 $dS = \dfrac{dQ}{T}$ 라고 정의하였습니다.

클라우지우스(Rudolf (Julius Emanuel) Clausius, 1822-1888)

하지만 시간이 흐르면서 엔트로피의 정체가 밝혀졌는데, 엔트로피란 '어떤 자연 상태의 가능한 가짓수'와 관련이 있다는 것이었습니다. 쉽게 말하면 어떤 상태를 만드는 방법이 많을수록 엔트로피는 크다는 것입니다. 예를 들면 주사위 3개를 던질 때 총합이 10이 되도록 만드는 가짓수(6가지)는 총합이 3이 되는 가짓수(1가지)보다 많습니다. 이때 주사위 숫자의 합이 10이 되는 상태가 엔트로피가 큰 상태입니다. 방안의 공기 분자가 방 구석에 모이는 가능성도 분명 있지만, 그러한 경우의 수보다 방안에 골고루 퍼져 있을 경우의 수가 상상을 초월할 만큼 더 많습니다. 결국 자연은 좀더 경우의 수가 많은 상태로 변화한다는 것입니다. 그러므로 엔트로피의 직관적인 개념은 상태의 가짓수(접근가능상태)로 정의할 수 있게 됩니다.

공기처럼 무수히 많은 입자들로 이루어진 입자계를 다룰 때는 우리는 '총 에너지', '총 부피' 등의 통계적인 값과 같은 거시적 물리량밖에 알 수 없게 됩니다. 주어진 거시상태에 대응하는 미시상태들은 일반적으로 아주 많은 수가 있는데, 이들을 접근가능상태(accessible state) 또는 분자들의 배열 방법수라고 부르고 그 수를 W로 나타냅니다. 어떤 거시상태인가에 따라서 W값이 다르며, 작을 수도 있지만 보통 거시계에서는 엄청나게 큽니다. 그렇기 때문에 이를 편리하게 다루는 방법이 로그를 택하는 것이고 이를 엔트로피라고 합니다. 즉 엔트로피 S는 접근가능상태 수 W의 로그값 $S = k \cdot \log W$로 정의합니다. 당연한 말이지만 엔트로피는 계의 거시상태를 특징짓는 양이므로 거시적 기술에서만 의미가 있습니다.

그러므로 엔트로피 S에서 log가 등장한 이유는 큰 수를 쉽게 다루기 위한 로그의 기본적인 특징에서 나온 것입니다.

부록 3 정보의 속성을 통한 무신론적 생명 기원론 비판

1. 태초에 정보가 있었다

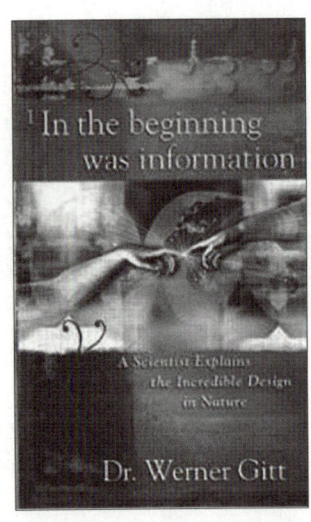

워너 기트(Werner Gitt, 1937-) 박사는 『태초에 정보가 있었다(In the Beginning Was Information)』라는 책에서 정보의 특징을 서술하고 '정보는 저절로 생성되는 성질의 것이 아니라 반드시 지성을 가진 존재만이 정보를 생성할 수 있다'라고 명확히 밝혔습니다. 정보에는 반드시 어떤 '의미' 또는 '의도'가 들어 있으므로 정보가 지성을 가진 존재에 의해서만 생성되는 것은 당연하다고 할 수 있을 것입니다. 워너 기트 박사가 정리한 정보의 핵심 속성은 다음과 같습니다.

정보의 핵심원리 1 : 정보의 기본량은 비물질적(정신적) 실체입니다.

순수하게 물질적 과정은 정보의 원천으로서의 기능을 못합니다.
정보는 물질의 속성이 아니므로 당연히 정보의 기원은
물질적 과정의 용어로 설명할 수 없습니다.

정보의 핵심원리 2 : 정보는 오로지 의도적, 의지적 행동을 통해서 일어납니다.

정보는 인간의 의지(Will)와 연관성이 있습니다.
정보가 물질과 에너지에 이은 제3의 기본적인 실체라면,
의지(Will)는 이제 제4의 기본적인 실체입니다.

정보의 핵심원리 3 : 모든 정보는 누군가 보냈고, 누군가 받습니다.

정보 전달 과정에서 역으로 추적해 올라가면
반드시 어떤 정보든지 정보를 보내는 자에게 이르고
지적 근원에 도달하게 됩니다.

정보의 핵심 원리 세 가지를 한마디 정의한다면 '모든 정보는 저절로 생성되는 성질의 것이 아니라 반드시 지성을 가진 존재가 만든다.'일 것입니다. 당연히 어떤 정보 또는 메시지는 지성을 가진 존재의 의지에 따라 생성됩니다. 그러므로 생명체의 유전 정보는 분명히 초월적 지성을 가진 어떤 신적 존재에 의해 넣어졌다는 것입니다. 워너 기트 박사가 유전 정보에서 내린 결론이 바로 이것입니다.

2. 정보의 속성을 통한 무신론적 생명 기원론 비판

수학을 통한 무신론적 우주 기원론을 비판하기 전에 먼저 정보의 속성을 통해 진화론으로 통용되는 무신론적 생명 기원론의 잘못된 점에 대해서 지적하고자 합니다. 그래서 생명의 기원과 우주의 기원을 비교하면서 더 명확히 이해가 될 수 있을 것 같습니다.

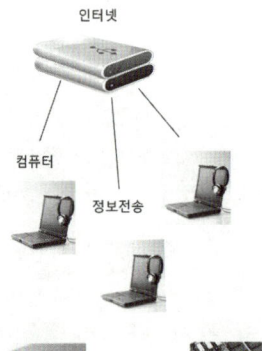

1) 정보의 속성

컴퓨터와 정보통신의 시대에 살고 있는 현대인들은 정보라는 말에 매우 익숙합니다. 그러나 정작 정보의 본질과 속성에 대해서는 잘 알지 못하고 있습니다.

정보의 사전적 뜻은 '사물이나 어떤 상황에 대한 새로운 소식이나 자료'입니다. 우리는 현대 정보통신의 시대에 살고 있기 때문에, 정보의 본질과 속성보다는 정보의 저장과 전송에만 관심을 갖고 있습니다. 그러나 소식이나 메시지가 '의미나 의도가 들어간 어떤 내용'을 말하기 때문에 정보 또한 필연적으로 지성을 가진 존재와 연관이 있게 됩니다. 의미나 의도라는 말 자체가 지적, 정신적이기 때문입니다. 그러므로 지성을 가진 존재만이 정보를 생성할 수 있는 것입니다.

컴퓨터, 로봇 등 모든 시스템에 공통적으로 들어가 있는 프로그램된 정보는 시스템의 작동을 위해 지성을 가진 존재가 넣은 것입니다. 특별히 프로그램된 정보를 생성할 수 있는 존재는 '고도의 지성을 가진 존재'입니다. 그리고 현재까지 이런 고도의 지성을 가진 존재는 인간이 유일합니다.

정보에 대한 이런 사실은 정보의 법칙으로 규정해도 무방할 것입니다. 과학에서의 법칙의 정의는 어떤 실험이 시간과 장소를 불문하고 반복적으로 성립할 때 부여합니다. 마찬가지로 '컴퓨터나, 로봇 등의 모든 시스템에 들어간 정보는 항상 지성을 가진 존재가 넣은 것이다'는 것도 장소와 시간을 불문하고 항상 똑같습니다. 그러나 현대 과학의 정의가 물질과 에너지만으로 제한하기 때문에 정신작용과 깊은 연관이 있는 정보의 법칙은 과학의 범주 속에 들어가지 못하고 있습니다. 그렇기 때문에 정신, 의미, 정보라는 개념이 들어가 있지 않은 현대 과학은 절름발이 과학일 수 밖에 없습니다. 물질과 에너지만으로 설명할 수 없는 자연 현상이 너무도 많기 때문입니다.

그에 대한 단적인 예가 생명체의 유전정보입니다.

2) 유전정보의 기원

생명체 안에도 정보가 DNA 형태로 존재합니다. 그 유전 정보는 너무도 복잡하고 방대하여 아직까지 수십 년의 연구를 통해서도 거의 밝혀내지 못하고 있습니다. 아마도 앞으로

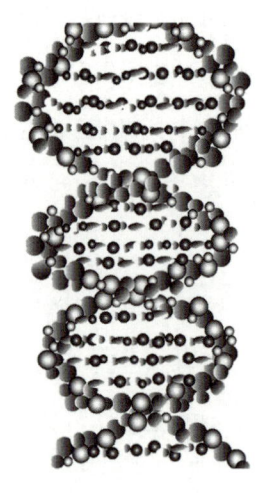

수백 년이 흘러도 유전 정보를 다 해독해 내지는 못할 것입니다.

그런데 생명체의 유전 정보는 어디서 왔을까요? 진화론자들이 주장하는 것처럼 물만 있으면 저절로 생성되는 것일까요?

어떤 의미나 의도가 반영되어 있는 정보의 속성상 생명체의 유전 정보도 분명히 지성을 가진 존재가 넣은 것입니다. 그런 지성을 가진 존재는 인간 이외의 초월적 지성을 가진 존재일 것입니다. 그렇게 방대하고 복잡한 정보를 넣을 정도의 지성적 존재라면 감히 초월적 지성이라고 말할 수 있기 때문입니다.

어떤 사람은 그러한 초월적 존재를 외계인 또는 외계 생명체라고 주장하기도 합니다. 진화론에 의한 원시 지구에서 단순한 무기물로부터 복잡한 유기 물질이 만들어질 확률은 수학적으로 볼 때 불가능하다고 여겨질 정도로 적었기 때문에 미지의 광활한 우주에서 지구 생명의 기원을 찾는 일이 지구라는 좁은 땅덩어리에서 찾는 경우보다 더 쉬워보였기 때문입니다.

그러나 분명한 것은 그 외계인도 진화론에서 주장하는 것처럼 물만 있으면 저절로 존재하게 되는 그런 외계 생명체라는 것입니다. 그러나 그런 생명체는 존재할 수 없습니다. 왜냐하면 생명체 속의 유전 정보는 반드시 지성을 가진 존재가 넣어야 하기 때문입니다. 결국 어떠한 외계 생명체도 저절로 생성될 수는 없습니다. 혹시나 그 외계인도 초월적 지성을 가진 존재에 의해 창조되었다고 하면 가능한 이야기이겠지만요. 다시 원점으로 돌아갔으니 앞으로는 절대로 이 책에서 말하는 초월적 지성을 가진 존재를 외계인 따위로 이해하지 말았으면 합니다.

3) 그림을 통한 정보의 속성 이해

정보의 이러한 속성을 그림을 통해 이해해 보도록 하겠습니다.

아래의 그림은 '다잉 메시지'라고 부릅니다. 어떤 사람이 죽기 전에 그림과 같은 메시지를 경찰관에게 남긴 것입니다. 경찰관은 이 메시지를 해독하여 범인을 찾을 수 있습니다. 범인과 관련된 정보는 무엇일까요?

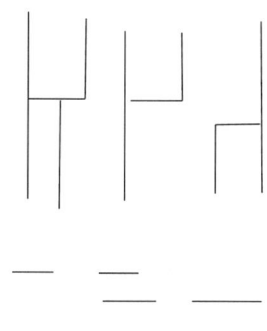

어떤 사람이 죽기 전에 남긴 다잉 메시지

정답은 'Red'입니다. 아래 받침을 위로 올리면 디지털 시계에서 볼 수 있는 글자 'Red'가 됩니다.

옆 그림 속에는 어떤 사람이 남기고자 하는 의미와 의도가 있었습니다. 즉 그림 속에 'Red'라는 의미를 부여했으며 그 의미를 통해 범인을 잡아주기를 바라는 의도가 있었습니다.

의미나 의도가 들어간 어떤 내용이 바로 '정보'입니다. 그렇다면 옆 그림 정보는 누가 만든 것입니까? 저절로 생길 수 있는 것인가요? 이 정도의 정보는 고도의 지성을 가진 인간이라는 존재가 만든 것이라고 누구나 인정할 것입니다. 실제로 저렇게 그림을 암호(전하고자 하는 정보를 아무나 접근하지 못하도록 숨긴 것)로 만들기 위해서는 매우 높은 지성을 필요로 하기 때문입니다. 그럼에도 아직까지 정보가 저절로 생성될 수 있다고 생각하는 사람들이 있을 것입니다. 정보가 항상 정신적 작용인 의미 또는 의도와 연관 있다는 것을 확실히 정립하지 못했기 때문입니다.

다시 한번 말씀드리지만 '정보란 어떤 의미나 의도를 내포하고 있는 내용'이기 때문에 항상 정신적 작용과 관련 있습니다. 그러므로 정신적 작용 없이는 정보가 생성될 수 없습니다.

그래서 또 다음과 같은 실험을 통해 설명해 보겠습니다. 이 실험을 위해 방금 만 4세

네 살 아이가 다잉 메시지를
본 따서 그린 그림

가 된 제 딸 아이가 도움을 주었습니다. 제 딸 아이에게 위의 '다잉 메시지' 그림을 똑같이 그려보도록 했습니다. 그랬더니 옆의 그림과 같이 그렸습니다. 그렇다면 제 딸 아이가 그린 그림과 원본 다잉 메시지 그림의 차이점은 무엇인가요? 한마디로 제 딸 아이가 그린 그림은 정보가 아닙니다. 왜냐하면 제 딸 아이는 그냥 따라 그린 것일 뿐이지 저 그림에 어떤 의미를 담지 않았기 때문입니다. 그러나 다잉 메시지에서 남겨진 그림은 분명히 어떤 의미와 의도가 담겨져 있습니다. 비슷하게 보이는 두 그림일지라도 어떤 의미나 의도를 담았느냐의 여부에 따라 정보의 유무가 판가름나게 됩니다.

다시 한 번 말씀드리지만 정보란, 어떤 의미나 의도가 내포되어 있는 내용입니다. 의미나 의도가 담겨 있지 않은 것은 정보가 아닙니다. 결국 지성적 작용이 들어가지 않은 것은 정보가 아니라는 것입니다. 비록 제 딸 아이가 따라 그린 그림처럼 정보가 담긴 그림과 비슷하게 표현되었다 할지라도 지성을 가진 존재의 의도나 의지가 반영되지 않은 것은 결코 정보가 아닙니다.

아무렇게나 휘갈겨 그린 그림

옆의 그림처럼 아무렇게나 휘갈겨 쓴 의미를 부여하지 않은 낙서를 가지고 낙서를 본 사람들이 그 그림에 어떤 의미를 부여할 수도 있습니다. 그러나 그것은 정보의 속성 중 하나인 의미나 의도가 잘못 전달된 것입니다. 분명히 낙서를 한 사람은 어떤 의도를 담지 않았는 데 그것을 본 사람들이 어떤 의미로 읽었다면 그것은 전달하고자 하는 정보의 왜곡 또는 메시지의 왜곡이 되는 것입니다.

파도가 바닷가 모래 위에 'LOVE' 비슷한 글자를 쓰고 지나갔다고 해서, 파도가 '사랑'이라는 의미를 전달했다고 볼 수 없습니다. 파도는 지성을 가진 존재가 아니기 때문에 어떤 의미를 부여하는 작업을 할 수 없습니다. 만약 모래 위의 'LOVE'라는 글자를 보고 파도가 사랑이라는 의미를 주었다고 생각하는 사람은 착각을 한 것입니다. 마찬가지로 의미도 없는 데 의미있는 것으로 오해하는 것도 착각입니다.

훈련받은 침팬지가 어떤 그림을 그린다고 가정해 봅시다. 침팬지가 그림에 의미를 부여하는 정도를 보면 어떤 생각이 드나요?

침팬지가 그린 그림은 굉장히 수준 이하인 것을 알 수 있습니다. 사람으로 따지면 세 살 아이의 그림보다 못합니다. 침팬지의 지능은 그림에 어떤 의미를 부여할 정도까지는 못됩니다. 그러므로 어떤 의미가 부여된 정보를 생성할 수 있는 자는 고도의 지능을 가진 자라는 것을 알아야 합니다.

어떤 의미의 부여는 고도의 지능을 가진 존재만이 할 수 있습니다.

4) 정보의 속성을 통한 생명의 자연 발생설 비판

반드시 지성적 존재와 연결되는 정보의 이런 속성으로 진화론적인 생명의 자연 발생설의 잘못을 분명하게 지적할 수 있습니다.

아시다시피 진화론에서는 생명의 기원을 물 속에서 자연 발생했다고 말합니다. 즉, 시간만 충분히 주어진다면 물속에서 DNA와 비슷한 화학 결합이 저절로 생길 수 있다는 것입니다. 그래서 진화론을 떠받드는 가장 중요한 요소는 '오랜 시간'입니다. 진화론은 시간이 많이 주어진다면 무엇이든지 할 수 있는 것으로 설명합니다.

그러나 모두 알다시피 물속에서의 생명의 자연 발생은 먼저 확률적으로 너무도 희박합니다. 가장 간단한 단백질도 100개 이상의 아미노산이 순서대로 결합되어 있습니다.

여기서 순서대로 결합되어 있다는 것이 중요합니다. 만약 위 순서가 잘못되면 제대로 된 단백질이 형성되지 않습니다. 그러나 100개의 아미노산이 자유로운 상호작용으로부터 일정한 배열을 하여 한 개의 단백질이 생성될 확률은 $\frac{1}{10^{130}}$ 입니다. 그러므로 대부분의 과학자들이 생명의 자연 발생에 대해 의문을 제기하는 것입니다. 그러나 진화론자들은 그에 대한 난점은 오랜 시간이 해결해 준다고 굳게 믿고 있다는 것이 아이러니합니다.

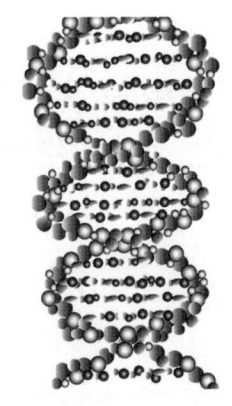

바다 거품 속에서 화학 결합으로
발생한 DNA 유사체
- 실제 DNA와 염기배열이
거의 유사하다고 가정하겠음

그렇다면 만약 백만 번 양보해서 5억 년 동안 DNA와 비슷한 화학결합이 우연히 만들어질 수 있다고 하더라도 그 속의 (유전)정보의 기원은 어떻게 설명할 것인가요?

NHK 다큐멘터리에서 생명의 기원에 관해설명할 때 '원시 바다의 거품 속에서 DNA가 저절로 화학 결합해서 만들어졌다고 주장'했습니다. 그것을 '바다 거품 속에서 화학 결합으로 발생한 DNA 유사체'라고 부르도록 하겠습니다. 대부분의 진화론 교과서에서는 저절로 생성된 'DNA 유사체'로 생명의 기원을 설명합니다.

앞에서 서술한 정보의 속성에서 원시 바다 거품 속 'DNA 유사체'의 화학결합은 어떤 문제가 있는 것입니까? 거품 속에서 화학 결합으로 발생한 'DNA 유사체'는 DNA 유전 정보가 아닙니다. 만 4세의 어린 아이가 암호 그림을 따라서 그렸다고 해서 그것이 어떤 정보를 형성하는 것이 아니듯, 비록 원시 바다 거품 속에서 오랜 세월 동안 DNA 모양과 특성이 유사한 DNA유사체가 저절로 화학 결합을 통해 만들어졌다고 하더라도 그것은 유전정보는 될 수 없습니다. 왜냐하면 정보란 지성적 존재에 의해서 그 안에 의미나 의도가 부여된 것이어야 하기 때문입니다.

5) 정보의 속성을 통한 RNA 기원설 비판

생명의 기원설에는 바다 거품설 이외에도 RNA 기원설, 진흙설, 외계 기원설 등 다양한 이론이 존재합니다. 이 중 고등학교 과학 교과서에서는 'RNA 기원설'을 주로 다루고 있습니다. RNA 기원설이란 RNA에서 생명의 DNA가 만들어졌다는 생명의 기원 이론입니다. 뜬금없이 RNA 기원설이 등장한 배경은 바로 확률적 희박성의 문제를 해결하기 위함입니다.

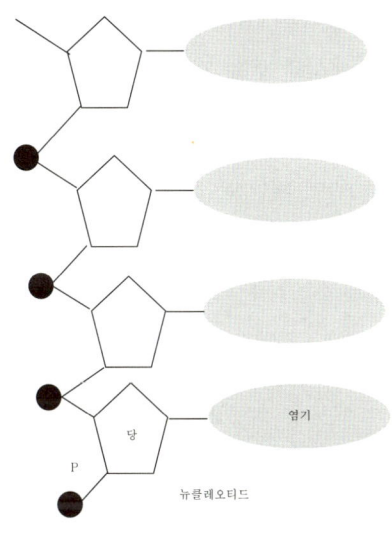

박테리아보다 더 단순한 구조를 갖춘 가장 간단한 바이러스라도 10만개에 가까운 뉴클레오티드(당 부분이 인산 및 염기와 결합되어 있는 화합물)로 구성된 DNA 분자를 갖고 있었습니다. '과연 이 거대한 분자가 우연히 만들어질 수 있겠는가?' 하는 것이 진화론자들의 의문이었습니다. 그런데 RNA는 DNA보다 쉽게 합성될 수 있는 분자구조를 갖췄습니다. 그래서 진화론자들은 보다 손쉬운 쪽을 택했습니다. DNA 사슬이 너무 길어 생성 가능성이 희박하다면 이보다 훨씬 짧은 사슬을 갖는 RNA를 택하는 것이 낫지 않겠습니까?

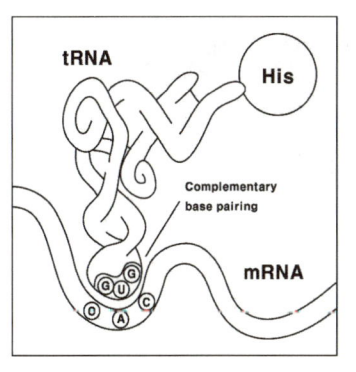

특히 현존하는 RNA 중 운반 RNA(t-RNA)는 불과 50-80개의 뉴클레오티드로 구성되어 있습니다. 이는 여러 가지 3차원적 형태를 만들어 다양한 기능을 발휘할 수 있는 동시에 안정성이 높은 구조를 갖췄습니다.

DNA가 RNA로부터 생길 수 있다는 사실이 밝혀지자 RNA는 더욱 주목을 받았습니다. 예를 들어 암을 유발하는 바이러스에서 RNA로부터 DNA가 만들어진 것입니다. DNA와 RNA의 구조가 유사하다는 점도 RNA로부터 DNA가 만들어지는 일이 어렵지 않음을 보여 준다고 여겼습니다.

그러나 이 경우에도 생명의 기원에 대한 본질적인 의문은 여전히 남는 것 아닌가요? RNA는 최초로 어떻게 존재하게 됐느냐는 것입니다. RNA도 DNA처럼 유전정보를 담고 있습니다. 그렇다면 RNA의 유전정보는 어디서 왔느냐는 것입니다.

RNA 기원설은 생명의 기원에 대한 어떠한 해답도 제시해 주는 것이 아닙니다. 단지 복잡한 DNA에서 좀더 단순한 RNA로 초점을 옮겨서 사람들로부터 확률적 불가능이라는 의심의 시선을 회피한 것밖에 안 됩니다. 생명의 기원에 대한 본질은 지성적 기원을 가져야 하는 유전 정보가 어디서 왔느냐 하는 것입니다.

6) 슈퍼 박테리아가 정보의 자연 발생의 증거라고(?)

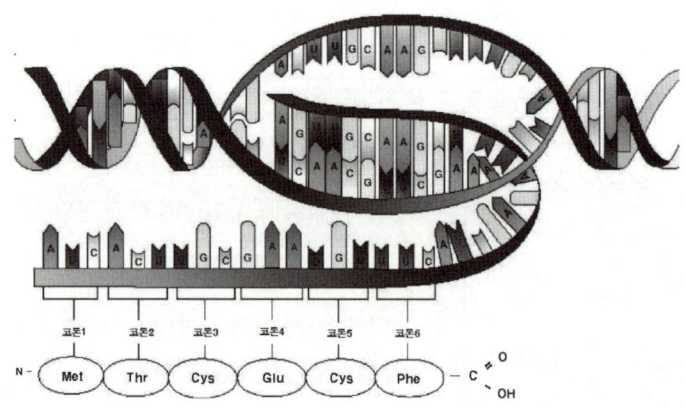

간혹 슈퍼 박테리아의 출현에 대해서 정보의 자연 발생의 증거라고 말하는 사람들이 있습니다. 즉, 박테리아 내부의 유전자가 돌연변이 등과 같은 유전적 변이에 의해서 새로운 유전 정보가 생성되었고 이에 따라 특정 항생제에 대한 내성을 갖추게 되었다는 것입니다. 예를 들어 슈퍼 박테리아의 경우 염기 서열 'AUA'가 'UAU'로 변한 것이라고 가정하겠습니다. 그러나 이것은 정보가 돌연변이에 의해 저절로 생성된 것이 아닙니다. 새로운 정보라는 것이 항상 지성의 작용과 연관 있다는 것을 제대로 숙지만 했다면 이러한 억지 주장에 휘둘리지 않을 것입니다.

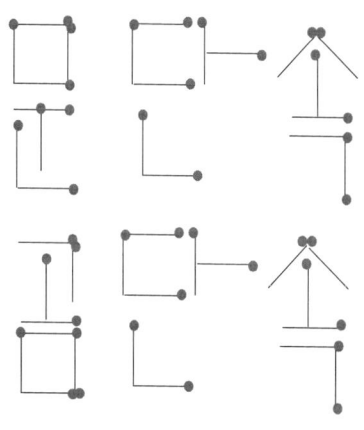

한글 단어를 예로 들어 설명해 보겠습니다. 어떤 사람이 성냥개비를 이어 붙여 '문단속'이라는 단어를 썼습니다. 그런데 이동 중에 성냥개비가 흐트러져서 '곰단속'으로 철자가 바뀌었습니다. 그렇다면 '곰단속'이라는 새로운 단어 정보가 생성된 것인가요?

이것은 새로운 정보의 생성이라고 말하지 않고 기존 정보의 치환이라고 말해야 할 것입니다. 즉 이미 '곰단속'이라는 단어 정보도 존재하고 있었다는 것입니다.

이미 존재하고 있었던 '곰단속'이라는 단어 정보는 결코 새로운 단어 정보의 생성을 의미하는 것이 아니듯이 유전 정보에서의 'AUA'라는 염기 서열이 'UAU'로 바뀌었다고 해서 새로운 유전 정보의 생성이 아니라는 것입니다. 'UAU'라는 염기 서열에 대한 정보는 이미 존재해 있었습니다.

다음은 mRNA의 유전자 염기 순서와 아미노산과의 관계표입니다.

mRNA의 유전 암호							
UUU	페닐알라닌 (Phe)	UCU	세린 (Ser)	UAU	티로신 (Try)	UGU	시스테인 (Cys)
UUC		UCC		UAC		UGC	
UUA	류신 (Leu)	UCC		UAA	정지 코돈	UGA	정지코돈
UUG		UCG		UAG		(Leu)	트립토판 (Trp)
CUU	류신 (Leu)	CCU	프롤린 (Pro)	CAU	히스티딘 (His)	CGU	아르기닌 (Arg)
CUC		CCC		CAC		CGC	
CUA		CCA		CAA	글루타민 (Gln)	CGA	
CUG		CCG		CAG		CGG	
AUU	이소류신 (Ile)	ACU	트레오닌 (Tre)	AAU	아스파라긴 (Asn)	AGU	세린 (Ser)
AUC		ACC		AAC		AGC	
AUA		ACA		ACA	리신 (Lys)	AGA	아르기닌 (Arg)
AUG	메티오닌 (Met)	ACG		ACG		AGG	
GUU	발린 (Val)	GCU	알라닌 (Ala)	GCU	아스파르트산 (Asp)	GGU	글리신 (Gly)
GUC		GCC		GAC		GGC	
GUA		GCA		GAA	글루탐산 (Glu)	GGA	
GUG		GCG		GAG		GGG	

'AUA'는 이소류신이라는 아미노산입니다. 그런데 'UAU'는 티로신이라는 아미노산입니다. 즉 아미노산의 정보가 치환된 것입니다. 이 경우는 결코 새로운 정보의 생성이 아닙니다.

다시 한번 말씀드리지만 정보란 지성을 가진 존재와 관계가 있습니다. 그러므로 새로운 정보의 생성도 지성을 가진 자만이 만들 수 있는 것입니다. 어떠한 경우라도 지성의 존재 없이 정보의 새로운 생성이란 있을 수 없습니다. 위에서 각각 치환된 정보인 '곰단속'이라는 정보도 지성을 가진 존재가 이미 만들어 놓은 정보였으며 'UAU'라는 티로신 아미노산에 대한 정보도 지성을 가진 존재가 이미 만들어 놓은 것입니다. 그러므로 결코 내성을 갖는 슈퍼 박테리아는 새로운 정보의 생성이라고 할 수 없습니다.

그래도 아직까지 유전 정보가 자연 발생적으로 생성될 수 있다고 생각하고 있습니까? 그렇다면 아래 백만 달러 이벤트에 도전해 보세요. 정보의 자연 발생을 밝혀낸 사람에게 백만 달러의 상금이 걸려져 있습니다.

한 국제적 과학-교육 재단이 "어떻게 유전암호(genetic code)가 자연적으로 생겨날 수 있었는지"를 설명할 수 있는 사람에게 백만 달러의 상금(prize)을 수여하겠다고 발표하였습니다. '생명의 기원 재단(The Origin-of-Life Foundation, OLF)'은 유전자 출현 프로젝트(Gene Emergence Project, MD, 미국)를 통하여 그 상을 제안하였습니다. 이 그룹은 생물학 교수인 잭 트레버(Jack Trevors, 그룹의 멤버)가 과학 분야에서 가장 절박한 문제로 부르고 있는 "DNA에서 유전 명령들의 기원(The origin of the genetic instructions in the DNA)"에 대한 해답을 발견하는 데 있어서 공헌을 하기를 원하고 있습니다.

그러나 당신은 백만 달러를 결코 가질 수 없을 것입니다. 그것은 진리가 아니기 때문입니다.

⟨참고 문헌⟩

마리오 리비오 저·김정은 역, 『신은 수학자인가?』(열린과학, 2009).
장 피에르 상제 저·강주헌 역, 『물질, 정신 그리고 수학』(경문사, 2002).
이언 스튜어트 저·김동광 역, 『자연의 패턴』(사이언스북스, 2005).
이언 스튜어트 저·전대호 역, 『눈송이는 어떤 모양일까?』(한승, 2005).
Gitt, Werner W. 저, 『In the Beginning Was Information』(NewLeafPr, 2006).
로빈 애리앤로드 저·김승욱 역, 『물리의 언어로 세상을 읽다』(해냄출판사, 2011).
낸시 피어스 저, 『완전한 진리』(복있는사람, 2006).
알프레드 S. 포사멘티어, 잉그마 레만, 헤르트 A. 하우프트만 저·김준열 역,
    『피보나치 넘버스』(늘봄, 2011).
스콧 올슨·김명남 옮김, 『황금분할』(시스테마, 2010).

수학에서 발견한 창조주